Celal Özcan erzählt aus der Türkei: von Gestalten der Geschichte und Gegenwart, von Bauwerken, von religiösen Traditionen, von typischen Berufen, von Festtagsbräuchen, vom Alltag in Stadt und Land, vom Essen und Trinken.
Er erzählt in einfacher Sprache, und neben seinen Texten steht in Paralleldruck eine deutsche Übersetzung. So kann man das Buch wahlweise türkisch-deutsch oder deutsch-türkisch oder nur türkisch oder nur deutsch lesen.

Es ist hauptsächlich gedacht für
– Türkisch lernende Deutsche, die über die Anfangsgründe hinaus sind und nun etwas Landeskundliches lesen möchten
– Deutsch lernende Türken, die zwar schon wissen, was hier berichtet wird, aber noch nicht firm im Deutschen sind
Interessant ist es außerdem für
– Deutsche, die nicht Türkisch lernen, aber gern in die Türkei reisen, leibhaftig oder literarisch
– Türken, die nicht Deutsch lernen, weil sie schon Deutsch können, aber wissen möchten, was in Deutschland über ihr Heimatland verbreitet wird.
Jedenfalls bringt es was.

Hoş Geldin · Herzlich willkommen
Die Türkei in kleinen Geschichten
erzählt von Celal Özcan

Übersetzung von Rita Seuß
Illustrationen von Frieda Wiegand

dtv

**Ausführliche Informationen über
unsere Autoren und Bücher
www.dtv.de**

Originalausgabe 2003
5. Auflage 2016
Durchgesehene Neuausgabe aus dem Band dtv 9315
mit Ergänzungen aus dem Band dtv 9296
© dtv Verlagsgesellschaft mbH & Co. KG, München
Umschlagkonzept: Balk & Brumshagen
Umschlagbild: Kelim aus der Sammlung Galveston
Fotografie Richard Hall
Satz: KOMDATA, Nobber
Druck und Bindung: Kösel, Krugzell
Gedruckt auf säurefreiem, chlorfrei gebleichtem Papier
Printed in Germany · ISBN 978-3-423-09424-5

Inhaltsverzeichnis

Günceden

Güneş battı. Uzakta Meyis adasının ışıkları yanıp
sönüyor denizde. Altı arkadaş, çantamızda rakı
şişeleri, kitap, bol miktarda dergi ve gazetelerle
limandayız. Bahanur'u bekliyoruz. Günlük gezi-
den dönen son tekne de demir atıyor. Yolcular
memnun görünüyorlar. İlk işleri otellerinde duşa
girip tenlerindeki tuz ve balık kokusunu atmak
olacak. Sonra tekrar limana inip denize bakan
meyhanelerden birinde akşam yemeğine otura-
caklar.

Biz altı arkadaş ama, yedi gün sürecek bir deniz
yolculuğuna çıkıyoruz, ilk kez yazar Halikarnas
Balıkçısı'nın Bodrum'da sürgündeyken keşfettiği
mavi yolculuğa. Sürgün değiliz. Ama onun ro-
manlarında betimlediği «Dünyanın en saf, en ko-
yu ve en güzel mavisini», ulaşılması güç koyları
ve denize gömülmüş kentleri yaşamak, başka bir
deyişle onun izini sürmek istiyoruz.

Karanlıkta yavaş yol alıyor teknemiz, Baha-
nur'un teknesi. Arkamızda, yavaş yavaş şehrin
ışıkları kayboluyor. Arada bir balıkçı teknesine
rastlıyoruz, balıkçılar fener sallıyorlar. Bahanur
«Rastgele!» diye bağırıyor. Henüz genç Bahanur.
Babası dalgıç. Bu tekneyi, denizden sünger çıkar-
makla kazanmışlar. Bahanur'un annesi teknede
birlikte çalışıyor. Yemekleri pişiriyor, sofrayı
hazırlıyor, bazen de dümen tutuyor.

Ay ışığında deniz, sessiz akan bir ırmak gibi.
Havada balık kokusu. «Eylül ayında Akdeniz
balık kaynar» diyor, Bahanur. «Kefal, karagöz,
barbunya, lüfer, kırlangıç, uskumru, levrek, her
türlü balık yakalayabilirsin. Bu ay, mavi yolcu-
luk için en ideal aydır» diye ekliyor sonra.

Aus einem Tagebuch

Die Sonne ist untergegangen. Die Lichter der Insel Kastellorizon flimmern draußen im Meer. Wir, sechs Freunde, stehen am Hafen, mit Rakıflaschen, Büchern und einer Menge Zeitschriften und Zeitungen in den Taschen. Wir warten auf Bahanur. Das letzte Boot, das von seinem Tagesausflug zurückkehrt, geht vor Anker. Die Passagiere sehen zufrieden aus. Als erstes werden sie in ihren Hotels duschen und das Salz und den Fischgeruch von ihrer Haut abwaschen. Dann werden sie wieder zum Hafen hinunterspazieren und in einem der Lokale mit Blick aufs Meer zu Abend essen.

Wir sechs Freunde aber brechen zu einer siebentägigen Seereise auf, zu einer Blauen Reise, wie sie als erster der Schriftsteller Halikarnas Balıkçısı von seinem Exil in Bodrum aus unternahm. Wir sind nicht im Exil. Aber wir wollen «das reinste, dunkelste und schönste Blau der Welt» erleben, das er in seinen Romanen beschrieben hat, die schwer erreichbaren Buchten und die im Meer versunkenen Städte. Mit anderen Worten: seinen Spuren folgen.

Im Dunkeln kommt unser Boot, Bahanurs Boot, nur langsam voran. Die Lichter der Stadt hinter uns verblassen allmählich. Ab und zu begegnen uns Fischerboote, die Fischer schwenken ihre Lampen. «Guten Fang!» ruft ihnen Bahanur zu. Bahanur ist noch jung. Ihr Vater ist Taucher von Beruf. Das Boot haben sie von dem Geld gekauft, das sie durch die Schwammfischerei verdient haben. Bahanurs Mutter arbeitet auch mit. Sie kocht das Essen, deckt den Tisch, manchmal übernimmt sie das Steuerruder.

Im Mondlicht ist das Meer wie ein ruhig fließender Strom. Die Luft riecht nach Fisch. «Im September ist das Mittelmeer voll mit Fischen», erzählt Bahanur. «Da kann man alle möglichen Arten fangen: Meeräsche, Schwarzauge, Rotbarbe, Blaubarsch, Knurrhahn, Makrele, Meerbarsch. Dieser Monat ist ideal für die Blaue Reise», fügt sie hinzu.

Gece aydınlık. Arkadaşlardan biri tekne direğine yaslanmış: «Biz Heybeli'de her gece mehtaba çıkardık» şarkısını söylüyor. Dümen kırıp iki kaya arasına sıkışmış, küçük bir koya giriyoruz. Denize dağların gölgesi düşmüş. Uzun süre bakınca insanı ürkütüyor. Suya dalıyoruz. Deniz yakamozlanıyor, her kulaç atışımızda parıldıyor.

Bir zamanlar Likya'nın en önemli liman kenti Patara'da müthiş bir sıcaklık karşılıyor bizi. Ağustosböceklerinin keskin seslerinden başka hiçbir şey duyulmuyor. Vahşi bir sessizlik. Bir öyküye göre Pataralılar, Büyük İskender'e Anadolu seferi esnasında kentin kapısını gönüllü açmışlar. Hatta, bir de karşılama töreni düzenlemişler. Çalgıcıların yanında onların müzik aletlerini taşıyan, köle kılığına bürünmüş savaşçılar diziliymiş. Kaval kılıfları içinde hançerler, davullarda ise kalkanlar saklıymış. Ani bir saldırıyla İskender'in ordusunu darmadağın etmişler.

Eski Xanthos şehri iç kısımlarda, bir tepenin üzerinde. Xanthos, şimdiki adıyla Eşen Çayı'na tepeden bakıyor. Farslıların şehri kuşatması üzeri-

Die Nacht ist sternenklar. Einer der Freunde singt, an den Schiffsmast gelehnt, ein Lied: «Auf der Insel Heybeli gingen wir jede Nacht zur Mondscheinpromenade». Wir ändern den Kurs und steuern auf die Bucht zu, die zwischen zwei Felsen gebettet liegt. Die Berge werfen dunkle Schatten ins Meer. Man bekommt Angst, wenn man lange hinsieht. Wir springen ins Wasser. Das Meer leuchtet auf, das Plankton funkelt bei jeder Schwimmbewegung.

In der alten und einst bedeutenden lykischen Hafenstadt Patara empfängt uns eine unerträgliche Hitze. Außer dem schrillen Zirpen der Zikaden hört man keinen Laut. Eine unheimliche Stille. Der Sage nach öffneten die Bewohner von Patara Alexander dem Großen bei seinem Anatolienfeldzug freiwillig die Tore ihrer Stadt. Ja, sie veranstalteten ihm zu Ehren sogar einen Empfang. Als Sklaven verkleidete Krieger trugen den Musikanten die Instrumente. Aber in den Schatullen der Flöten waren Dolche versteckt, in den Trommeln Schilde. Mit einem Überraschungsangriff schlugen sie die Truppen Alexanders nieder.

Das alte Xanthos liegt etwas landeinwärts auf einem Berg. Es schaut auf den Fluss Xanthos hinunter, der heute Eşen Çay heißt. Als die Perser die Stadt belagerten und es

ne, şehrin düşeceğini anlayan Xanthoslu erkekler, karılarını, çocuklarını, mal ve mülklerini, kölelerini kaleye toplayıp kaleyi ateşe vermişler. Sonra, Bahanur devam ediyor hikayesine, muharebe meydanına çıkıp birer birer şehit düşmüşler.

Likya'nın kutsal kenti Letoon, Xanthos'a dört kilometre uzaklıkta. Ünlü Leto tapınağı burada bulunuyor. Leto, Anadolu'nun güneybatı kıyısında başlı başına bir anatanrıça sayılıyordu. Çocukları Apollon ve Artemis ile birlikte, Likyalıların en yüce tanrısıydı Leto. İlkçağlarda çok yaygın olan bir söylenceye göre, gece tanrıçası Leto derin uykusuna dalınca, Zeus ona aşık olur, kucaklar onu. Leto hamile kalır ve Zeus'un karısı Hera, Leto'nun peşine düşer. Hiçbir şehir kabul etmez Leto'yu, çünkü onun doğuracağı tanrının hışmından korkulur. En sonunda Likya'ya kaçar. Xanthos Çayı kenarında ağrısı tutar, orada Apollon ve Artemis'i doğurur. Çocuklarını bu çayda yıkar ve susuzluğunu giderir. Bir başka söylenceye göre ise, Xanthos Çayı onun doğum sancılarına dayanamayan dağın parçalanması sonucu doğmuştur. Saklıkent adını taşıyan kilometrelerce uzunluktaki bu kanyon, çağlayan şelaleleriyle bugün ziyaretçisi bol bir gezinti yeridir.

Likya kenti Aperlai, bügünkü adıyla Sıcak İskele, Bahanur'un bizi sürüklediği son durak. İnce, uzun bir sahil şeridi üzerinde kurulmuş. Sahilin kuzeyinde, alçak tepenin üzerinde harabeler yükseliyor, şehrin surları tepeden neredeyse denize kadar uzanıyor, rıhtım deniz sularına gömülmüş. Kıyıda, Likyalılarda «ölünün evi» olan eski bir mezar.

Her antik kentin bir öyküsü, bir efsanesi, her kıyının kendine özgü bir çekiciliği var. Herşey

keine Hoffnung mehr gab, versammelten die Männer von Xanthos ihre Frauen und Kinder, all ihr Hab und Gut und ihre Sklaven auf der Burg und zündeten diese an. Dann, so erzählt Bahanur, stürzten sie sich in die Schlacht, und kämpften gegen ihre Belagerer mutig bis zum Tod.

Die heilige Stadt der Lykier, Letoon, liegt vier Kilometer von Xanthos entfernt. Hier befindet sich der Tempel der Leto. Leto wurde an der Südwestküste Anatoliens als Muttergottheit verehrt. Sie und ihre Kinder Apollon und Artemis waren die höchsten Gottheiten Lykiens. Eine im Altertum berühmte Sage erzählt, dass Leto, die auch die Göttin der Nacht war, in einen tiefen Schlaf fiel und Zeus sich in sie verliebte und sie umarmte. Leto wurde schwanger, und Hera, die Gemahlin des Zeus, verfolgte sie unablässig. Keine Stadt nahm Leto auf, da alle vor dem Gott Angst hatten, den sie gebären sollte. Schließlich floh sie nach Lykien. Am Fluss Xanthos setzten die Geburtswehen ein, und Leto gebar Apollon und Artemis. Hier am Fluss stillte sie ihren Durst, und hier wusch sie ihre Kinder. Einer anderen Sage nach entsprang der Fluss Xanthos aus einem Berg, der sich durch die starken Geburtswehen der Leto in zwei Teile spaltete. Die mehrere Kilometer lange Schlucht, Saklıkent [die verborgene Stadt] genannt, mit ihren rauschenden Wasserfällen ist heute ein vielbesuchtes Ausflugsziel.

Die lykische Stadt Aperlai, mit dem heutigen Namen Sıcak İskele, ist die letzte Station, zu der uns Bahanur führt. Sie liegt an einer schmalen langgestreckten Bucht. Auf einem niedrigen Hügel an der Nordseite erheben sich ihre Ruinen, die Stadtmauer verläuft vom Hügel aus fast bis zum Meer hinab, die Kaimauer ist im Meer versunken. Am Ufer steht noch ein antiker Sarkophag, das «Haus der Toten», wie die Lykier sagten.

Jeder antike Ort hat seine eigene Geschichte, seine eigene Sage, jede Bucht hat ihren besonderen Reiz. Ort um Ort,

masal uykusuna dalmış gibi sakin ve sessiz. Mavi
yolculuk, Akdeniz uygarlığını yeniden duyum-
satıyor insana, ama onu bizzat yaşamak ve Baha-
nur'dan dinlemek gerek.

Cunda'da bir eylül sabahı

Hanyalı Hüseyin Ağa Taş Kahve'nin önüne otur-
muş, suyun öte yanını seyrediyor. Yanıbaşında
bastonu. Kahvenin henüz tek müşterisi. Kahveci
sabah çayını demliyor. Ocağın mermer tezgahı
üzerinde, dünden kalma çay bardakları. Ada sabah
uykusunda. Çocuklar fırından taze ekmek alıyor-
lar. Kahvenin önüne sere serpe bir köpek uzanmış.
Deniz puslu ve serin. Havada tuz kokusu. Sessizliğe
patpat motor sesleri karışıyor. Martıların çığlıkları
eşliğinde, balıkçıların yorgun sesleri duyuluyor.

Birazdan Taş Kahve'nin diğer müşterileri gele-
cekler. Sırtlarında kalın kışlık paltoları oturacaklar

Bucht um Bucht liegen ruhig und verlassen wie in einem märchenhaften Schlaf. Die Blaue Reise lässt die antike Kultur des Mittelmeers ahnen, aber man muss das selbst sehen und sich von Bahanur dazu Geschichten erzählen lassen.

Ein Septembermorgen auf der Insel Cunda

Hanyalı Hüseyin Ağa sitzt vor dem Taş Kahve und blickt auf die andere Seite des Wassers. Neben sich seinen Stock. Noch ist er der einzige Gast im Café. Der Wirt gießt den morgendlichen Tee auf. Auf der marmornen Theke vor der Feuerstelle stehen die Teegläser vom Vortag. Die Insel ist noch nicht erwacht. Kinder holen frisches Brot vom Bäcker. Vor dem Café hat sich ein Hund ausgestreckt. Das Meer ist trüb und kühl. In der Luft liegt der Geruch von Salz. Das Knattern der Motorboote durchdringt die Stille. In das Kreischen der Möwen mischen sich die müden Stimmen der Fischer.

Bald werden die anderen Besucher des Taş Kahve eintreffen. Sie werden sich in ihren dicken Wintermänteln hinsetzen

denize karşı. Ama Hüseyin Ağa ötekilerden daha erkenci, herhalde günleri sayılı olduğu için. Diğer yaşlı adalılar gibi aslen Cundalı değil Hüseyin Ağa. Girit doğumlu. Ailesi ile birlikte 1924'te yerleşmişler Cunda'ya. Daha doğrusu zorunlu göçmüşler. Türk-Yunan savaşının hemen ardından 1924 mübadelesi ile palas pandıras terketmişler Girit'i; evleri, bağ ve bahçeleriyle, her şeyi geride bırakarak, sadece anılarla. Annesi bir avuç Girit toprağı sarmış örtüsüne. Babası birkaç altın saklayabilmiş gömleğin altına. Herkesin elinde birer bohça binmişler vapura. Sonra uzun uzun çalan siren sesleri. Kimse el sallamamış. Ne gidenler ne de geride kalanlar.

Onlar Girit'i terkederken, Cunda'dan da aksi istikamete başkalarının göçü başlamış. Yine aynı sahnelerle. On bin nüfuslu ada kısa bir süreliğine boşalıvermiş.

Hüseyin Ağa, bugün Cunda'nın en yaşlısı, göçü en iyi o hatırlıyor. «Böyle bir eylül sabahı indik Cunda'ya» diye anlatıyor. «İlk önce Taş Kahve'de topladılar bizi. Sonra Rumlar'ın terkettiği evlere yerleştirildik. Balkonlarda çiçekler dipdiriydi, toprağı bile kurumamıştı daha» diye anımsıyor. Ardından mülk paylaşımı başlamış. Girit'te bıraktıkları, tapuda kayıtlı mal ve mülke göre dağıtılmış toprak ve zeytin bahçeleri. Tapusu olmayana nüfus başına yirmi, tek nüfusa otuz beş zeytin ağacı düşmüş. Sonra da dükkanlar devredilmiş. Kunduracı, ayakkabı dükkanını, berber, berber salonunu, kahveci, kahvehaneyi teslim almış.

Adanın en güzel binası Taş Kahve tekrar

und aufs Meer hinausschauen. Hüseyin Ağa ist früher dran als die anderen, vielleicht, weil seine Lebenszeit zu Ende geht. Wie die anderen alten Inselbewohner stammt auch er nicht aus Cunda. Er ist in Kreta geboren. Im Jahr 1924 hat er sich mit seiner Familie in Cunda angesiedelt. Besser gesagt: sie wurden umgesiedelt. Gleich nach dem türkisch-griechischen Krieg, im Zuge des Bevölkerungsaustausches 1924, verließen sie Kreta Hals über Kopf. Häuser, Weinberge, Gärten; alles mussten sie zurücklassen, nur die Erinnerungen behielten sie. Seine Mutter band eine Handvoll Erde in ihr Kopftuch. Sein Vater konnte ein paar Goldstücke unterm Hemd verstecken. Jeder mit einem Bündel in der Hand gingen sie an Bord des Dampfers. Dann das langanhaltende Dröhnen der Sirenen. Keiner winkte zum Abschied. Weder die Abreisenden noch die Zurückbleibenden.

Während sie Kreta verließen, begann von Cunda aus die Umsiedlung in die Gegenrichtung. Dort gab es die gleichen Szenen. Eine Insel mit zehntausend Bewohnern wurde für kurze Zeit fast menschenleer.

Hüseyin Ağa, der älteste Bewohner von Cunda, erinnert sich noch sehr genau. «An einem Septembermorgen wie heute kamen wir in Cunda an», erzählt er. «Erst versammelte man uns im Taş Kahve. Dann wurden uns die von den Griechen verlassenen Häuser zugewiesen. Die Blumen auf den Balkonen waren noch frisch, sogar die Erde war noch feucht», erinnert er sich. Dann begann die Verteilung des Eigentums. Gemäß dem eingetragenen Grundbesitz, den ein jeder in Kreta zurückgelassen hatte, wurden Ackerland und Olivenhaine verteilt. Wer keinen Grundbucheintrag vorweisen konnte, erhielt pro Person zwanzig, ein Alleinstehender fünfunddreißig Olivenbäume. Dann wurden die Läden übergeben. Der Schuhmacher übernahm den Schuhmacherladen, der Friseur den Frisiersalon, der Kaffeehausbesitzer das Kaffeehaus.

Das schönste Gebäude der Insel, das Taş Kahve, wurde

açılmış; yeni sahibi Giritli Mulaksunu Dasenyo'-
nun mülkiyetinde. Yüksek tavanlı geniş salonu
eski bir tren istasyonunun bekleme salonunu
anımsatıyor. Ortada yaz kış kurulu bir soba. Pen-
cerelerin üst kısmı mavi, kırmızı, yeşil vitraylar-
la süslü. Yavaş yavaş salonu dolduran yaşlı sadık
müşterileri sanki daha dün gelmişler gibi ürkek
ve içine kapalı. Göçü konuşmak istemiyorlar.
«Biz o zaman cahildik, hiç bir şey hatırlamıyo-
ruz» diyorlar, elgin melodili bir Türkçe ile. Arala-
rında «Elenika» konuşuyorlar.

Akşam sahil meyhanelerinde Rembetiko çalı-
yor. Türk, Oryantal, Rum müzik öğelerinin bire-
şiminden oluşan bir tür Rum arabeski. Yabancı
ziyaretçiler daha çok karşıdaki Yunan adaların-
dan. Cunda'da buldukları nostaljik havanın tadını
çıkarıyorlar. Garsonlarla Rumca şakalaşıyorlar.
Masalar meze dolu: karides tava, kalamar,
patlıcan salata ... Gelenek aynı; rakı ya da uzo,
mezesiz gider mi?

Daracık sokaklardan şarap fıçısı ve karpuz
yüklü at arabaları geçiyor tıkır tıkır. Sundurmalı,
çoğu iki katlı, topraksarısı veya kırmızı taş bi-
nalar birer köşkü andırıyor. 19. yüzyıldan kal-
ma bu binalar, adanın geçmişteki refahını ele
veriyor. Selvi ağaçları, oyma kapılar, tokmak
figürleri, parke kaldırımlı sokaklar – hepsi eski
bir kartpostallar albümü gibi.

Hemen her sokaktan adanın metropol kilisesi
Taksiarhis (1873) görünüyor. Rumlar'ın gidi-
şiyle çökmeye başlamış. Kubbedeki çatlaklardan
ışık sızıyor içeri. Artık tamiri çok geç. Freskler-
den Yunus Peygamber'in yunus balığı karnında-
ki bir resmi ve birkaç ikone dışında sadece izler
kalmış geriye.

wiedereröffnet; der neue Besitzer war Mulaksunu Dasenyo aus Kreta. Der große Raum mit seinen hohen Wänden erinnert an den Wartesaal eines alten Bahnhofs. Mitten im Café ein Ofen – er steht im Sommer wie im Winter da. Der obere Teil der Fenster ist mit blauem, rotem und grünem Glas verziert. Die alten treuen Besucher, mit denen sich das Café allmählich füllt, sind scheu und verschlossen, als wären sie erst gestern angekommen. Über die Umsiedlung wollen sie nicht sprechen. «Wir waren damals klein, wir erinnern uns an nichts mehr», sagen sie in einem fremdartigen Türkisch. Untereinander sprechen sie «Elenika».

Am Abend erklingt in den Strandlokalen Rembetiko-Musik. Eine griechische Arabeskmusik aus türkischen, orientalischen und griechischen Elementen. Die ausländischen Touristen kommen hauptsächlich von den gegenüberliegenden griechischen Inseln. Sie genießen die nostalgische Atmosphäre, die sie in Cunda vorfinden. Mit den Kellnern plaudern und scherzen sie auf griechisch. Auf den Tischen stehen die Vorspeisen: überbackene Garnelen, Tintenfisch, Auberginensalat ... Die Essgewohnheiten sind die gleichen; ob Rakı oder Ouzo, Vorspeisen gehören immer dazu.

Die engen, steilen Gassen hinauf klappern Pferdewagen mit Weinfässern und Melonen. Die ockergelben oder roten, meist zweistöckigen Steinhäuser mit ihren überdachten Balkonen sehen aus wie Villen. Diese Häuser aus dem 19. Jahrhundert zeugen vom einstigen Reichtum der Insel. Zypressen, geschnitzte Tore, figürliche Türklopfer, Kopfsteinpflaster: alles wie auf Postkarten in einem alten Album.

Fast von jedem Sträßchen aus ist die Hauptkirche der Insel, die Taksiarchis-Kirche aus dem Jahr 1873, zu sehen. Nach dem Abzug der Griechen begann sie zu verfallen. Durch die Risse in der Kuppel dringt das Tageslicht herein. Für eine Restaurierung ist es bereits zu spät. Außer dem Bild des Propheten Jona im Bauch des Walfisches und einigen Ikonen ist von den Fresken kaum etwas geblieben.

Ege sahilindeki Cunda adasına bu adı Venedikliler ve Cenevizliler koymuş. Rumlar «kokulu ada» anlamında Moshinos demişler. Osmanlılar iki adı da kullanmışlar. Türkler Kurtuluş Savaşı'ndan sonra Alibey adını vermişler, Yunan işgaline karşı ilk tetiği çeken Albay Ali Bey'in anısına.

Kapalı Çarşı'nın mahrem ustaları

Dünyanın en büyük altın ticaret merkezidir Kapalı Çarşı. Beş yüz yıldır burada altın, gümüş ve mücevher işlenip satılır. Ancak insan Kapalı Çarşı labirintinde dolaşırken, vitrinlerde seyre daldığı takıları kimin yaptığı sorusuyla pek ilgilenmez. Oysa takılar bu vitrinlere inene kadar kaç elden geçmiştir: sadekar, mıhlayıcı, telkareci, cilacı, kakmacı. Altın ve gümüşü Kapalı Çarşı'nın hemen yanıbaşındaki Çuhacı Han ve Kalıcılar Han'daki tezgahlarda onlar işlerler. Akşam çelik kapılarla kapanır üç veya beş metrekarelik bu dükkanlar. Tezgahlar, başındaki ustalar, kalfalar, çıraklar ve ocaklar sanki geçmiş dönemden kalmışlardır.

Bu hanlardaki sanatkarlar sadece Türkiye'nin değil, dünyanın en ünlü ustalarıdır. Çıraklar bugün de aynı yöntem yetişiyorlar. Ana kucağıdır tezgahlar. «Kulağı çekilmeyen ve parmağı dövülmeyen çırağa yol göründü» demektir. Anne oğlunu ustaya, «eti size, kemiği bize» diye teslim eder.

Kapalı Çarşı'nın en iyi telkarecisi Vahit Usta. Yedi yaşında başlamış bu işe. Şimdi otuz

Die Venezianer und Genuesen nannten die Insel im Ägäischen Meer Cunda. Die Griechen sagten Moschinos, was soviel wie «duftende Insel» bedeutet. Die Osmanen benutzten für die Insel beide Bezeichnungen. Nach dem Befreiungskrieg jedoch gaben die Türken ihr den Namen Alibey zum Gedenken an den Kommandeur, der die erste Kugel auf die griechischen Besatzer abfeuerte.

Die verborgenen Meister vom Gedeckten Basar

Das größte Goldhandelszentrum der Welt ist der Gedeckte Basar in Istanbul. Hier werden seit fünfhundert Jahren Gold, Silber und Edelsteine verarbeitet und verkauft. Wer durch sein Labyrinth spaziert und den Schmuck betrachtet, der in den Schaufenstern der Juwelierläden ausliegt, denkt kaum darüber nach, wer das alles produziert hat. Bis der Schmuck in die Fenster gelangt, ist er jedoch durch viele Hände gegangen: Entwerfer, Fasser, Filigrankünstler, Polierer, Ziseleure verarbeiten Gold und Silber in Werkstätten direkt neben dem Basar, im Çuhacı Han und im Kalıcılar Han. Es sind drei bis fünf Quadratmeter große Läden, die abends mit Stahltüren verschlossen werden. Die Werktische, an denen die Meister, Gesellen und Lehrlinge sitzen, und die Feuerstellen sind wie Relikte aus vergangenen Zeiten.

Die Handwerker in diesen Höfen sind nicht nur in der Türkei, sondern weltweit hoch angesehen. Die Lehrlinge werden nach der gleichen Methode ausgebildet wie ehedem. Der Ursprung der Meisterschaft ist die Werkbank. «Dem Lehrling, der nie die Ohren langgezogen und auf die Finger geklopft bekam, weist man bald die Tür», heißt es. Und die Mutter vertraut dem Meister ihren Sohn mit den Worten an: «Das Fleisch gehört Ihnen, die Knochen gehören uns.»

Der beste Filigranmeister im Gedeckten Basar ist Vahit. Mit sieben hat er begonnen, in diesem Beruf zu arbeiten.

sekizinde. «Tezgaha yetişebilmek için sandal-
yenin üstüne sandık koyardık» diye hatırlıyor.
Ufacık atölyesinde kardeşi Metin'in yanında
bir de Müslüman çırak yetiştiriyor. Kendisi Mar-
din doğumlu, Ortodoks Süryani. Kilisede şam-
mazlık yapıyor. İncil başucu kitabı. En çok İsa'-
nın, «Ara, bulacaksın» sözünü seviyor. Dük-
kanın içi İncil'den resimlerle dolu; duvarda,
«Yükselmenin merdiveni beş basamaktır: İyilik,
doğruluk, çalışkanlık, bilgi ve sevmek. En üst
basamak sevgidir» sözü asılı. Yunus Emre'den
de alıntılar yapıyor. Efkarlanınca, eli kulağa atıp
Urfalılara özgü yanık sesiyle Arapça, Türkçe,
bazen Kürtçe türküler söylüyor. Tam bir Doğu
insanı Vahit Usta.

Kapalı Çarşı'nın mıhlayıcıları, sadekarları ve
kakmacılarının hemen hepsi Ermeni ve Süryani,
yani gayrimüslim. Ama son yirmi senede çok
iyi Türk kakmacıların da yetiştiğini söylüyor,
Kirkor Ortainceyan. Kakmacılıkta onun üstüne
yok. «Usta, Kirkor Ortainceyan. Biz onun eline
su bile dökemeyiz» diyor Kalıcılar Han'ın öteki
kakmacıları. Kirkor Usta sekiz yaşında ağabeysi-
nin yanında başlamış işe. 1962'de Almanya'ya
işçi olarak gitmiş. Fakat dört yıl sonra geri dön-
müş, meslek tutkusu ve İstanbul özlemi ağır bas-
mış. Almanya'da iken doksanıncı yaşgünü için
Adenauer'e kendisinin bakırdan bir portresini
yapıp göndermiş. Türkiye'ye döndükten sonra
arkasından bir teşekkür kartı almış. Dükkanında
asılı portre taslağının yanına koymuş bu kartı.

Kirkor Usta altmış iki yaşında. Bugüne kadar
otuz usta yetiştirmiş. Şimdi yanında iki çırak
çalıştırıyor, ikisi de kendisi gibi Ermeni. Türk
çırak alıp almadığı sorusuna, «Düşman değiliz ki,

Jetzt ist er achtunddreißig. «Um an den Werktisch zu kommen, musste ich eine Kiste auf den Stuhl stellen», erinnert er sich. In seiner winzigen Werkstatt bildet er neben seinem jüngeren Bruder Metin auch einen muslimischen Lehrling aus. Er selber, in Mardin geboren, ist syrisch-orthodoxer Christ. In der Kirche ist er Vorbeter. Täglich liest er in der Bibel. Er liebt das Jesuswort: «Suchet, so werdet ihr finden». In der Werkstatt hängen religiöse Bilder; an der Wand ein Spruch: «Die Treppe zum Erfolg hat fünf Stufen: Güte, Wahrhaftigkeit, Fleiß, Wissen und Liebe. Die höchste Stufe ist die Liebe». Vahit zitiert auch Yunus Emre. Ist er melancholisch, singt er arabische, türkische und kurdische Lieder mit aller Kraft seiner sehnsuchtsvollen Stimme, die für Leute von Urfa typisch ist; zur Konzentration legt er die Hand ans Ohr. Meister Vahit ist ein richtiger Orientale.

Die Fasser, Entwerfer und Ziseleure im Gedeckten Basar sind fast alle Armenier und Syrianis, also Nichtmuslime. Doch in den letzten zwanzig Jahren seien auch gute türkische Ziseleure ausgebildet worden, meint Kirkor Ortainceyan. Es gibt keinen besseren Ziseleur als ihn: «Der Meister ist Kirkor Ortainceyan. Wir können ihm nicht das Wasser reichen», sagen die anderen Ziseleure im Kalıcılar Han. Meister Kirkor hat mit acht Jahren bei seinem großen Bruder angefangen. 1962 ging er als Arbeiter nach Deutschland. Aber nach vier Jahren kehrte er zurück, getrieben von der Leidenschaft für seinen Beruf und der Sehnsucht nach Istanbul. In Deutschland fertigte er zu Adenauers neunzigstem Geburtstag dessen Porträt aus Kupfer. In die Türkei zurückgekehrt, erhielt er von Adenauer eine Dankeskarte. Neben der Porträtskizze hat er auch diese Karte in seiner Werkstatt aufgehängt.

Meister Kirkor ist zweiundsechzig. Er hat bisher dreißig Lehrlinge ausgebildet. Augenblicklich arbeiten bei ihm zwei, beide sind Armenier wie er. Auf die Frage, ob er auch türkische Lehrlinge nimmt, meint er: «Wir sind ja nicht verfein-

yeterki adam olsun» yanıtını veriyor. Ama Kirkor
Usta diğer Ermeni kakmacılar gibi mesleğine Er-
menilerin milli sanatı gözüyle bakıyor. Çıraklarını
kendi cemaatlerinden seçiyorlar, daha çok tanıdık
ve akraba alıyorlar. «Maalesef» diyor Kirkor Us-
ta, «bu iş de mekanik olmaya başladı. Presle daha
ucuza mal oluyor.»

Sadekar Yervant Yamacıyan Usta da mesleğinin
geleceği hakkında pek umutlu değil: Santrifüj ile
bir anda binlerce yüzük yapılabiliyor. Bir tane yü-
zük modeli çıkartılması yeterli. Bugün piyasada
artık standart modeller var. Sadece farklı model
istendiğinde sadekara ihtiyaç duyuluyor.» İn-
sanların ince zevklerinin pek kalmadığından dert
yanıyor, Yervant Usta: «Maalesef kişi vitrinde
gördüğünü alıyor.»

Dünyanın en kıymetli eşyalarının satışa sunul-
duğu Kapalı Çarşı'yı bir de Orhan Veli'den din-
leyelim:

>Giyilmemiş çamaşırlar nasıl kokar bilirsin
>Sandık odalarında
>Senin de dükkanın öyle kokar işte
>Ablamı tanımazsın
>Hürriyette gelin olacaktı, yaşasaydı
>Bu teller onun telleri
>Bu duvak onun duvağı işte
>Ya bu camlardaki kadınlar?
>Bu mavi mavi
>Bu yeşil yeşil fistanlı ...
>Geceleri de ayakta mı dururlar böyle?
>Ya şu pembezar gömlek?
>Onun da bir hikayesi yok mu ?
>Kapalı Çarşı diyip de geçme.
>Kapalı Çarşı,
>Kapalı kutu.

det. Hauptsache, einer ist ein Mensch». Aber er sieht seinen Beruf als nationales Kunsthandwerk der Armenier, wie die anderen armenischen Ziseleure auch. Ihre Lehrlinge wählen sie aus ihrer Gemeinschaft, meist aus dem Bekannten- oder Verwandtenkreis. «Leider», sagt Meister Kirkor, «wird auch diese Arbeit zunehmend mechanisiert. Mit dem Stanzgerät Schmuck herzustellen ist viel billiger.»

Auch der Entwerfer Yervant Yamacıyan setzt in die Zukunft seines Berufs keine großen Hoffnungen: «Mit der Zentrifuge kann man mit einem Schlag Tausende von Ringen herstellen. Ein einziges Modell reicht aus. Heute sind fast nur Standardmodelle auf dem Markt. Möchte man ein anderes Modell, braucht man einen Spezialisten, der die Vorlage anfertigt.» Meister Yervant klagt, die Leute hätten keinen Sachverstand und keinen eigenen Geschmack mehr: «Was sie im Schaufenster sehen, das kaufen sie, leider.»

Über den Gedeckten Basar, in dem die wertvollsten Kostbarkeiten der Welt angeboten werden, schrieb Orhan Veli:

Du kennst den Duft frischer Wäsche
In der Truhekammer
Dein Laden riecht auch so
Du kennst meine ältere Schwester nicht
Am Tag der Freiheit wäre sie Braut gewesen, wenn sie
Das ist ihr Brautschmuck |am Leben geblieben wäre
Das ist ihr Brautschleier
Und die Frauen in den Schaufenstern?
Die in den Überwürfen
In Blau und Grün ...
Stehen sie auch nachts so aufrecht?
Und dieses Seidenhemd?
Hat es keine Geschichte?
Sag nicht so achtlos Großer Basar.
Großer Basar,
Große Geheimnisse.

Türk hamamında bir Prusya subayı

Prusya subayı Helmuth von Moltke 1835 yılında
Osmanlı ordusuna askeri uzman ve danışman olarak
gönderildiğinde otuz beş yaşında idi. İyi bir eğitim
almış, yabancı kültürlere açık olan Moltke toplam
dört yıl kaldı Türkiye'de, bunun iki yılını İstanbul'-
da geçirdi. Onun Önasya üzerine kartografik çalış-
maları bu bölgenin özenle hazırlanmış ilk haritası-
nı teşkil eder. Moltke Türkiye hakkında izlenimleri-
ni 1841 yılında yayımladı. «Türkiye'deki Olaylar
ve Durum Üzerine Mektuplar» çökmekte olan Os-
manlı İmparatorluğu üzerine önemli bir belgedir.
  Kasımın son günlerinden birinde Moltke bir
Türk hamamını ziyaret eder. Onun hamam üzeri-
ne yazdığı bugün de geçerlidir:
  «On dört saatlik at yolculuğundan sonra ker-
vansaraya indiğim zaman açlık soğuk ve yorgun-
luktan bütün vücudum sıtma tutmuş gibi titriyor-
du. Bana Türk hamamına gitmemi teklif ettiler.
Geniş ve yüksek bir kubbe altına girdik, buranın

Ein preußischer Offizier im türkischen Dampfbad

Der preußische Offizier Helmuth von Moltke war fünf-
unddreißig Jahre alt, als er 1835 als Militärberater der
osmanischen Truppen in die Türkei geschickt wurde.
Moltke, gebildet und weltoffen, lebte insgesamt vier
Jahre in der Türkei, davon zweieinhalb Jahre in Istanbul.
Seine kartographischen Arbeiten über Kleinasien bilde-
ten die Grundlage für die ersten präzisen Landkarten
dieser Region. Im Jahr 1841 veröffentlichte Moltke seine
Eindrücke. Diese «Briefe über Zustände und Begeben-
heiten in der Türkei» sind ein wichtiges Zeugnis des
untergehenden Osmanischen Reichs.

Einmal besuchte Moltke an einem Tag im Spätnovem-
ber ein Dampfbad. Die Schilderung, die er davon gibt,
besitzt heute noch Gültigkeit:

«Hunger, Kälte und Ermüdung nach vierzehnstündi-
gem Ritt schüttelten mir die Glieder mit Fieberfrost.
Man schlug mir vor, ins Hamam oder türkische Bad zu
gehen. Wir traten in ein weites hohes Gewölbe, in des-
sen Mitte ein Springbrunnen plätscherte, der mir die

27

ortasında bir fıskıye şakırdıyor ve bu binada hüküm süren soğuğu benim için adeta gözle görülür hale getiriyordu. Elbiselerimden en küçük bir parçasını bile çıkarmaya hiç de niyetim yoktu. Üstelik ortalıkta banyo küveti diye bir şey düşünüyordum ve fıskıye ile onun buz sarkıtlarını korkudan ürpererek düşünüyordum:

Çekingen halimizi anlayan hamamcı bizi adamakıllı sıcak olan ikinci bir kubbe altına götürdü ve işaretle soyunmamızı anlattı. Belimize yarı ipekli mavi bir bez tutturdular, başlarımıza da birer havluyu sarık gibi doladılar. Bu kıyafet değiştirmeden sonra bizi üçüncü bir kubbeli salona soktular. Buranın mermer döşemesi o kadar ısıtılmıştı ki, üzerine ancak nalınlarla basmak mümkündü. Kubbenin tam altında iki ayak yüksekliğinde, üstü mermer, yaspis ve akikle zengin bir şekilde kaplanmış bir seki vardı. İnsan bunun üzerine keyifle yatıyordu. Tellak, yani hamam hizmetçisi bundan sonra pek acayip bir ameliyeye girişiyordu. Bütün vücut ovuşturuluyor ve bütün kaslar çekilip ovuluyordu. Herif insanın göğsüne diz çöküyor ve başparmağının boğmağını bel kemiği boyunca yukarıdan aşağıya yürütüyordu. Bütün oynak yerlerini, parmakları, hatta boynunu bile şöyle hafifçe bir el hareketiyle çıtlatıyordu. Biz çok defa kahkahayla gülmek zorunda kalıyorduk. Fakat uzun, yorucu at yolculuğunun sızıları yok olmuştu. Tellak el çırparak ameliyatı bitirdiğini haber verdi. Bundan sonra, büyük salonu çevreleyen küçük, daha da sıcak hücrelere girildi. Burada iki musluktan isteğe göre sıcak ve soğuk duru su, mermer kurnalara akıyordu. Bu sefer müşteriye, tımar sırasında Türk atlarına uygulanan usulün aynı yapılıyordu. Yani tellak keçi kılından küçük

Kälte sozusagen anschaulich machte, welche in diesen Räumen herrschte. Ich verspürte nicht die geringste Versuchung, nur das kleinste Stück meiner Toilette abzulegen; überdies sah ich durchaus keine Badewanne und dachte nur mit Schrecken an den Springbrunnen und seine Eiszapfen.

Der Badewärter, der in unseren bedenklichen Mienen las, führte uns in ein zweites Gewölbe, in welchem schon eine ganz anständige Hitze war. Hier bedeutete man uns durch Zeichen, dass wir uns entkleiden möchten; man wickelt sich ein halbseidenes blaues Tuch um die Hüften und bekommt ein Handtuch als Turban um den Kopf. Nach dieser Einkleidung schob man uns in eine dritte gewölbte Halle hinein, deren marmorner Fußboden so stark geheizt war, dass man ihn nur auf hölzernen Pantinen (Galendschi) betreten konnte. Unter der Mitte der Kuppel erhebt sich ein zwei Schuh hohes Plateau, mit Marmor, Jaspis und Achat reich ausgelegt, auf welches man sich behaglich hinstreckt. Der Telektschi (Tellak) oder Badewärter schreitet nun zu einer ganz eigentümlichen Prozedur. Der ganze Körper wird gerieben und alle Muskeln gereckt und gedrückt. Der Mann kniet einem auf die Brust oder fährt mit dem Knöchel des Daumens den Rückgrat herab; alle Glieder, die Finger, und selbst das Genick bringt er durch eine leichte Manipulation zum Knacken. Wir mussten oft laut auflachen, aber der Schmerz nach dem langen mühseligen Ritt war verschwunden. Durch Klatschen in die Hände gibt der Telektschi das Zeichen, dass er mit seiner Operation fertig sei. Man begibt sich nun in die kleinen noch stärker erwärmten Zellen, welche die große Halle umgeben. Hier sprudelt klares Wasser in Marmorbecken, und zwar nach Belieben, aus zwei Hähnen, warmes und kaltes. Der Patient wird nun demselben Verfahren unterworfen wie die türkischen Pferde beim Striegeln, indem nämlich der Wärter einen kleinen Sack aus Ziegenhaar

bir torbayı (gebre) sağ eline geçiriyor ve bunu boyuna bütün vücuda sürtüyordu. Bu pek esaslı bir temizlenme. İnsanın bir Türk hamamında yıkanmayanın ömründe hiç yıkanmamış olduğunu söyleyesi geliyor. Bu sefer tellak büyük bir tas güzel kokulu sabun köpüğüyle geliyor. Hurma kabuğu liflerinden bir yumakla müşterisinin tepesinden tabanına kadar, saçlarını, yüzünü, her yerini sabunluyor, bundan sonra da insan hakiki bir zevkle başına, göğsüne ve karnına soğuk su döküyor.

Artık yıkanma bitmiştir. Islanmış bezlerin yerine kuru, ateşte ısıtılmışlarını kuşatıyor, başına bir sarık sarıyor, omuzuna da bir bez atıyorlar. Bundan sonra giriş salonunda, gördüğümüz Türkler gibi, keyifle uzandık. Orada bir şerbet, kahve veya çubuk içiliyor. Vücut içten öylesine ısınmıştır ki, soğuğu adeta tatlı bir serinlik gibi duyuyor insan. Deri ele son derece düzgün ve yumuşak geliyor. Böyle bir banyonun büyük yorgunluklardan sonra ne kadar dinlendirdiğini ve ne kadar dirilttiğini anlatmak imkansız.»

Yunus Emre

Havada tek bir bulut yok. Yaprak kıpırdamıyor. Bizi Yunus Emre'ye götürecek taksiye bindiğimizde, bomboş Nallıhan caddeleri toz duman içinde. Bir çiftçi olan, avurtları çökmüş, kavruk yüzlü şoförümüzün, bu dayanılmaz sıcağa rağmen keyfi yerinde, bu vesile ile büyük halk ozanı ve düşünürü Yunus Emre'nin türbesini bir daha ziyaret edebilmenin sevinci var yüzünde. Yunus Emre hakkında o kadar çok şey anlatıyor ki, bilgisine

(Gebrek) über die rechte Hand zieht und damit den ganzen Körper anhaltend überfährt. Dies ist allerdings eine gründliche Reinigung, und man möchte sagen, dass man noch nie gewaschen gewesen ist, bevor man nicht ein türkisches Bad genommen. Der Telektschi erscheint nun aufs neue mit einer großen Schüssel mit wohlriechendem Seifenschaum. Mittels eines großen Quastes aus den Fasern der Palmrinde seift er seinen Mann vom Scheitel bis zur Fußsohle, Haare, Gesicht, alles ein, und mit wahrem Vergnügen gießt man sich dann das kalte Wasser über Kopf, Brust und Leib.

Jetzt ist man fertig; statt der durchnässten Tücher erhält man trockene, über dem Feuer erwärmte, umgewickelt, einen Turban auf den Kopf und ein Laken über die Schultern. Wir streckten uns nun in der Eingangshalle behaglich hin, wie wir es von den Türken gesehen. Man schlürft einen Scherbett, Kaffee oder die Pfeife und empfindet die Kälte nur als angenehme Erfrischung, so innerlich durchwärmt ist der Körper. Die Haut fühlt sich äußerst glatt und geschmeidig an, und es ist gar nicht zu beschreiben, wie erquickend und wohltätig ein solches Bad auf große Ermüdung wirkt. »

Yunus Emre

Kein Wölkchen steht am Himmel. Kein Blatt bewegt sich. Durch die leeren Straßen von Nallıhan wirbelt der Staub, als wir in ein Taxi steigen, das uns nach Yunus Emre bringen soll. Unser Fahrer, ein Bauer mit ausgemergeltem Gesicht, freut sich trotz der unerträglichen Hitze, dass er auf diese Weise wieder einmal das Grab des großen Volksdichters und Philosophen besuchen kann. Wir wundern uns, wie viel er von Yunus Emre erzählen kann: « Er ist der Dichter der Toleranz, der Liebe und der Menschlichkeit.

şaşıyoruz doğrusu: «O, hoşgörü, sevgi ve insanlığın şairi. İster Yahudi, ister Hıristiyan, ister Müslüman olsun, hepsi tek bir Allah'a inanıyor. Önemli olan bu inançların şartlarını yerine getirmek» diyor ve Yunus'tan şürler söylüyor. «Gök yüzünde İsa ile, Tur dağında Musa ile / Elindeki asa ile, çağırayım Mevlam seni / Derdi aşkın Eyyub ile, gözü yaşlı Yakub ile / Ol Muhammed mahbub ile, çağırayım Mevlam seni.»

13. yüzyılda Orta Anadolu'da, Sakarya nehri yakınlarındaki bir köyde doğduğu sanılan Yunus Emre hakkında sayısız efsane var. Yunus Emre tüm yaşamını, insanları hoşgörü ve sevgiye davet eden tasavvuf ideallerine adamıştır. Bu görüşe göre Allah'a giden yol sadece ve sadece yetkinlik, kendi nefsine hakim olmak ve insan sevgisinden geçer. Tasavvuf anlayışının Orta Anadolu'da oluşması bir rastlantı değildir. Orta Anadolu bu dönemde Hint, İran, Arap, Türk, Rum-Bizans kültürlerinin, tüm farklı dinlerin harman olduğu yerdir. Tasavvuf öğretisinin ekseninde, kökeni ve dini ne olursa olsun, insan vardır: İnsan Tanrının yeryüzündeki bir yansımasıdır. Dönülecek kıble, gidilecek kabe, erilecek tek amaç insandır.

Söylenceye göre Yunus, buğday almak için Hacı Bektaşi Veli dergahına gelir ve oraya bağlanıp kalır. Ancak anahtarı Taptuk Emre'ye verilmiştir. Açılması için, onun hizmetine girmesi gerekir. Taptuk Emre'nin dergahında yıllarca oduncu olarak hizmet eder. Bir gün, sırtında canlı bir yılanla bağladığı odunlarla dergaha döner. Şeyhi Taptuk Emre yılanın kıvrıla kıvrıla gittiğini görünce, artık zamanın geldiğine inanır ve Yunus'u yanına çağırıp: «Git, ara, bul, ol ve öl!» der.

Ob Juden, Christen oder Muslime – alle glauben doch an *einen* Gott. Es kommt nur darauf an, die Ideale einer jeden dieser Religionen zu verwirklichen», sagt er und zitiert auswendig: «Mit Jesus in den Sphären, mit Moses auf dem Berg / Mit dem Zepter in der Hand ruf ich Herr nach dir / Mit Hiob seinem Leid und mit Jakob seinen Tränen / Mit dem geliebten Muhammed ruf ich Herr nach dir».

Über Yunus Emre, der vermutlich im 13. Jahrhundert in einem Dorf in Mittelanatolien unweit des Flusses Sakarya geboren wurde, gibt es unzählige Legenden. Er widmete sein Leben den mystischen Idealen der Toleranz und Liebe, die besagen, dass allein die Selbstvervollkommnung, die Bekämpfung der Selbstsucht und die Nächstenliebe zu Gott führt. Es ist kein Zufall, dass diese mystischen Anschauungen in Mittelanatolien entstanden sind. Mittelanatolien war zu jener Zeit der Ort, an dem sich die indische, die persische, die arabische, die türkische und die griechisch-byzantinische Kultur vermischten. Im Mittelpunkt jeder mystischen Lehre steht der Mensch – ohne Ansehen seiner Religion und Herkunft: Der Mensch ist die Widerspiegelung Gottes in der Welt. Die Richtung, in die man sich verbeugt, das Mekka, zu dem man sich aufmacht, das einzige Ziel des Menschen ist der Mensch.

Der Legende zufolge kam Yunus zum Kloster des Hacı Bektaş Veli, um dort Weizen zu holen, und blieb dort. Den Schlüssel zu seinem Innern jedoch besaß Taptuk Emre. Um es zu öffnen, musste Yunus sein Schüler werden. Im Kloster von Taptuk Emre verrichtete Yunus jahrelang die niedrige Arbeit des Holzfällers. Eines Tages kam er mit einer Ladung Holz auf dem Rücken zurück; das Holz hatte er mit einer lebenden Schlange zusammengebunden. Als sein Lehrer sah, wie die Schlange davonkroch, glaubte er, die Zeit sei nun gekommen, und rief Yunus zu sich: «Geh, suche, finde, werde, stirb!»

Böylece Yunus, derviş olarak tüm Anadolu'yu, Suriye ve Azerbaycan'ı dolaşır. Yıllar sonra, tekrar dergaha döner. Taptuk Emre: «Bir kapalı kutu idin, açıldın, söyle artık» der. Yunus bir deryadır. Yıllarca dolaşıp hizmet etmiş, erenler sohbetini dinlemiş, düşüncesini, Tanrı ve insan sevgisini iyice pekiştirmiş ve olgunlaşmıştır. Artık oduncu gitmiş, ilahileriyle, nefesleriyle bir ozan gelmiştir. Fakat resmi dinin tipik bir temsilcisi olan Molla Kasım'ın gözüne bir diken gibi batar şiirleri. Molla Kasım onun bin şiirini yaktırır, bin şiirini de ırmağa attırır. Ama bir türlü bitiremez ve sonunda bırakır.

Onun halk dilinde, arı bir Türkçe ile yazdığı şiirleri, insanlar ve tanrı katında, hakikate, doğruya ve sevgiye olan özlemini yansıtır:

«İlim ilim bilmektir / İlim kendin bilmektir / Sen kendini bilmezsen / Ya nice okumaktır / Okumaktan ma'na ne / Kişi Hakk'ı bilmektir / Çün okudun bilmezsen / Ha bir kuru ekmektir / Okudum bildim deme / Çok taat kıldım deme / Eri hak bilmez isen / Abes yere yelmektir / Dört kitabın ma'nası / Bellidir bir elifde / Sen elifi bilmezsen / Bu nice okumaktır / Yirmi dokuz hece / Okusan uçtan uca / Sen elif dersin hoca / Ma'nisi ne demektir / Yunus Emre der hoca, gerekse bin var hacca / Hepisinden iyisi / Bir gönüle girmektir.»

Anadolu'da, dokuz yerde Yunus Emre mezarı vardır. Bu, halkın Yunus'a duyduğu saygının bir simgesidir. Onun ne nerede doğduğu ne de nerede öldüğü tam bilinmektedir. Ancak Mezarının Sarıköy yakınında olması, daha bir inandırıcıdır. Şimdi bu köyün adı Yunus Emre'dir. Köyün hemen yanında, Ankara Ekspresi'nin horlaya horlaya

Nun zog Yunus als Derwisch durch Anatolien, Syrien und Aserbaidschan. Nach Jahren kehrte er ins Kloster zurück. Da sagte Taptuk: «Du warst eine verschlossene Truhe, nun bist du offen. Jetzt rede.» Yunus war ein Wissender geworden. All die Jahre der Wanderschaft hatte er niedere Arbeiten verrichtet, hatte den Derwischen zugehört, seine Gedanken und seine Liebe zu Gott und den Menschen gefestigt und war zur Vollkommenheit gelangt. Aus dem Holzfäller war der Dichter von Hymnen und Liedern geworden. Für Mullah Kasım, einen Vertreter der etablierten Religion, war Yunus ein Ärgernis. Er ließ tausend seiner Gedichte verbrennen und tausend in den Fluss werfen. Aber es entstanden ebenso viele neue, so dass der Mullah schließlich aufgab.

Die Verse – in der Sprache des Volkes, in Türkisch – erzählen von der Sehnsucht nach Wahrheit, von Aufrichtigkeit und von der Liebe zu den Mitmenschen und zu Gott:

«Lehre ist Lehre zu kennen / Lehre ist sich selbst zu kennen / Kennst dich selbst nicht / Wie ist da Lehre möglich / Was ist der Lehre Sinn / Lerne Gott kennen / Wer lernt aber nicht kennt / Dem ist Lehre ein trockenes Brot / Du glaubst zu lernen zu kennen / Auch zu beten glaubst du / Wenn dir Gott verschlossen bleibt / Taugt all dein Streben nichts / Der Sinn von vier Büchern / Klärt sich in einem Alif [dem arabischen A] / Wenn du das Alif nicht kennst / Wie ist da Lehre möglich / Du liest die Buchstaben / Alle der Reihe nach, Hodscha / Du sagst dein Alif auf / Was heißt das im Kern / Yunus meint, Hodscha: wenn es sein muss / Geh tausendmal nach Mekka / Lohnender ist es aber / Einzuziehen in ein Herz.»

An neun Orten Anatoliens befinden sich Gräber von Yunus Emre. Dies ist ein Zeichen für die große Verehrung, die das Volk Yunus entgegenbringt. Man weiß weder genau, wo er geboren noch wo er gestorben ist; glaubhaft ist, dass sein Grab in der Nähe des Dorfes Sarıköy liegt. Dieses Dorf heißt heute Yunus Emre. Unweit des Dorfes, direkt neben

geçtiği tren hattının yanıbaşında, 1970 yılında bir
Yunus Emre Müzesi açılmıştır. Geniş bir alanı
kapsayan tesis, müzesi, kütüphanesi, misafirhane-
si ve mescidiyle bir ziyaretgah yeri.

«Bir garip ölmüş diyeler üç günden sonra duya-
lar / Soğuk su ile yuyalar şöyle garip bencileyin /
Hey Emre'm Yunus biçare bulunmaz derdine çare /
Var yürü gez şardan şare şöyle garip bencileyin».

İstanbul hamalları

İstanbul'un en dik yokuşları Eminönü'ndedir:
Mahmutpaşa yokuşu, Rızapaşa yokuşu, Mercan
yokuşu. Yazın kavurucu sıcağında hamallar bir
Ağrı Dağı tırmanışındadırlar bu yokuşlarda. Sırt-
larında ağır paketler, küf, kumaş ve deri kokan
hanların karanlık merdivenlerinde mekik dokurlar.
Anadolu'ya giden malların – giyim ve ev eşyaları,
okul malzemeleri – hepsi onların sırtından geçer.
Bu kısa boylu, cılız adamlar ezici yüklerinin
altında adeta kaybolurlar.

der Bahnlinie, auf der der Ankara-Express vorbeiratter, wurde im Jahr 1970 die Yunus-Emre-Gedenkstätte einge-richtet. Der Ort ist eine große Pilgerstätte, eine weitläufige Anlage mit Museum, Bibliothek, Gäste- und Gebetshaus.

«Drei Tage darauf vernehmen sie's und sagen ein Frem-der ist gestorben / Sie baden mich mit kaltem Wasser einen fremder noch als mich / He trostloser Yunus Emre keiner heilt dich / Geh jetzt landauf landab fremder noch als ich.»

Die Lastenträger von Istanbul

Die steilsten Straßen Istanbuls befinden sich in Eminönü: sie heißen Mahmutpaşa Yokuşu, Rızapaşa Yokuşu, Mercan Yokuşu. In der glühenden Sommerhitze erklettern die La-stenträger diese Wege wie Bergsteiger den Ararat. Beladen mit schweren Bündeln steigen sie die dunklen Treppen der Verkaufs- und Lagerhöfe hinauf und hinab, wo es muffig nach Stoffen und Leder riecht. Die für Anatolien bestimm-ten Waren – Bekleidung, Haushaltswaren, Schulbedarf – alles tragen sie auf ihrem Rücken. Die kleinen, mageren Männer verschwinden beinah unter ihrer gewaltigen Last.

Ramazan Tellioğlu on dört senelik hamal. On dört yıldır sırtında semer yük taşıyor. «Memlekette geçim zor. Elimizde bir mesleğimiz yok. Okul yüzü görmemişiz. Ne yapabiliriz hamallıktan başka?» diye soruyor ve yaptığı işin haklılığını savunuyor.

Mercan yokuşunda üslenmiş Çarşıkapı hamalları başı Sabri Tilbaş, «Hamalız demekten gurur duymuyoruz. Ama Türkiye'de iş yapacak politikacı yok» diyerek azgelişmişliği yöneticilerin basiretsizliğine bağlıyor. Yalnız Özal hariç. Ondan «Özal babamız» diye bahsediyor.

Selami Toptaş elli bir yaşında, on çocuk babası. Hamallık baba mesleği olduğu için depozito ödememiş. Anlattığına göre, babası otuz yıllık hamallıktan sonra altmış yaşında ölmüş. «Biz de ölünceye kadar burdayız» diye ekliyor. Otuz sene önce bin lira olan hamallık bedeli bugün yüz ile yüzelli milyon lira arasında değişiyor. Ama bu, yüz milyon ödeyen herkes hamal olabilir anlamına gelmiyor. Sadece tanıdık, hemşeri alınıyor. Zaten tüm hamallar Malatya ve Adıyamanlı, yani Kürt kökenli. Aralarında Kürtçe konuşuyorlar. Hamal piyasasını kendi aralarında paylaşmışlar. Her mıntıkada yüz yirmi ile yüz elli arasında kişiden oluşan «hamallar bölüğü» çalışıyor. Hiçbir bölük bir ötekinin mıntıkasından iş alamıyor.

Birinin hamalların dünyasını merak etmesine şaşırıyorlar. «Bizim neyimiz ilginç olabilir ki? Sabahtan akşama kadar yük taşıyor, hamallık ediyoruz. Akşam kazandığımız hamaliyeyi kardeş payı ediyoruz. Sonra yemek pişiriyoruz, pazar günleri de çamaşır yıkıyoruz.» Çoğu eş ve çocuklarını memlekette

Ramazan Tellioğlu ist seit vierzehn Jahren Hamal, Lastenträger. Seit vierzehn Jahren transportiert er Waren mit dem Packsattel. «In der Heimat kann man nur schwer sein Brot verdienen. Wir haben keinen Beruf. Wir haben keine Schule besucht. Was können wir tun außer Lasten tragen?» fragt er und rechtfertigt so seine Arbeit.

Sabri Tilbaş, der als Hamalbaşi das Çarşıkapı-Hamal-Team in der Mercan Yokuşu organisiert, meint: «Nicht dass wir stolz darauf wären, Lastenträger zu sein. Aber es gibt in der Türkei keinen Politiker, der die Probleme wirklich lösen will.» Für die Rückständigkeit macht er also die Unfähigkeit der Regierung verantwortlich. Nur Özal war für ihn eine Ausnahme. Er nennt ihn «unseren Vater Özal».

Selami Toptaş ist einundfünfzig; er hat zehn Kinder. Da schon sein Vater Hamal war, musste er keine Kaution bezahlen. Sein Vater, erzählt er, war dreißig Jahre Lastenträger und ist mit sechzig gestorben. «Auch ich bleibe hier, bis ich sterbe», fügt er hinzu. Vor dreißig Jahren betrug die Kaution für den Hamalberuf tausend Lira, heute sind es zwischen hundert und hundertfünfzig Millionen. Aber nicht jeder, der hundert Millionen Lira bezahlt, kann Hamal werden. Nur wenn man aus der gleichen Provinz kommt wie die anderen oder jemanden kennt, wird man aufgenommen. Ohnehin kommen alle Lastenträger aus Malatya und Adıyaman, sind also kurdischer Abstammung. Untereinander sprechen sie kurdisch. Den Arbeitsmarkt haben sie sich aufgeteilt. In jedem Bezirk arbeitet eine «Kompanie» von hundertzwanzig bis hundertfünfzig Lastenträgern. Keine Kompanie bekommt einen Auftrag aus dem Bezirk des anderen.

Dass sich einer für die Welt der Lastenträger interessiert, wundert sie. «Was gibt es schon Interessantes bei uns? Von morgens bis abends tragen wir Lasten, und abends teilen wir uns den Trägerlohn brüderlich. Wir kochen uns etwas zu essen, am Sonntag waschen wir unsere Wäsche.» Viele haben Frau und Kinder in der Heimat gelassen. Wenn sie an der

bırakmış. Sırayla izine gidiyorlar. Bir tür «Gastarbeiter» yaşamı. Dedim ya, kuşkulanıyorlar. «Doğulu olduğumuz için ilgileniyorsan, bizim böyle bir sorunumuz yok. Boşuna zaman harcamana değmez» diye uyarıyor biri. Biz konuşurken bir seyyar karpuzcu geçiyor. Hamalbaşı, «Karpuzcu, karpuz kes bize» diye sesleniyor. Sonra bana dönüp: «Hamallık boğazdan geçer. Boğazına dikkat etmeyen hamal ömürden yer» diyor. «İkinci önemli husus ise ayakkabıdır» diye devam ediyor. Bakışlarımı hamalların ayaklarında dolaştırıyorum. Hiç birinin ayakkabısı sağlam değil. Genellikle ucuz iskarpinler taşıyorlar ayaklarında. İşgüzar bir hamal, «Kardeşim, toplandınız oraya, kalkacağınız yok. Kim taşıyacak bu yükleri? O adam sizi semerden kurtarmaz» diye sesleniyor. Hamallar tekrar sırtlanıyor semerlerini. Bir süre daha oturup onları seyrediyorum. Başlarına, güneşe karşı cep mendilleri bağlamışlar.

Bana dünyanın en çalışkan meslek grubu hangisidir diye sorsalardı, hiç tereddüt etmeden İstanbul hamalları derdim.

Yazı ve bası sanatı

1727 yılında doksan bin hattat, İstanbul'da sokağa döküldü. Kağıt ve divitlerini bir tabuta koyup şehrin merkezinde bir cenaze töreni düzenlediler: Sultan III. Ahmed, kitap basımı için izin vermişti. Şeyhülislam Abdullah Efendi, matbaanın şeriata aykırı olmadığını bir fetva ile tasdik etmişti. Avrupa'da iki yüz elli yıldır kitap basılıyordu. Osmanlı devletinde

Reihe sind, gehen sie in Urlaub. Eine Art «Gastarbeiter»-Dasein. Wie gesagt, sie sind argwöhnisch. «Wenn du dich deswegen interessierst, weil wir aus dem Osten kommen, dann müssen wir dir sagen: Damit haben wir kein Problem. Du vertust nur deine Zeit», gibt einer zu bedenken. Während wir uns unterhalten, zieht ein Melonenverkäufer mit seinem Wagen vorbei. Der Hamalbaşı ruft: «Hey, Melonenverkäufer, schneide Melonen für uns!» Dann wendet er sich mir zu: «Ein Hamal muss vernünftig essen. Einer, der nicht tüchtig isst, zehrt an seinem Leben. Und das Zweitwichtigste», fährt er fort, «sind die Schuhe». Meine Augen richten sich auf die Schuhe der Lastenträger. Kein einziger trägt festes Schuhwerk. Die meisten haben nur billige Halbschuhe. Ungeduldig ruft ein eifriger Hamal: «He, ihr da. Ihr steht hier herum und könnt euch nicht losreißen. Wer wird die Lasten tragen? Dieser Mann nimmt euch euern Packsattel nicht ab.» Die Hamal schnallen sich ihre Tragevorrichtung wieder auf den Rücken. Ich sitze noch eine Weile da und schaue ihnen zu. Um den Kopf haben sie ein Taschentuch gebunden, zum Schutz gegen die Sonne.

Wenn mich jemand fragen würde, welche Berufsgruppe die fleißigste auf der Welt ist, würde ich, ohne zu zögern, antworten: die Lastenträger von Istanbul.

Bücher schreiben, Bücher drucken

Im Jahr 1727 strömten in Istanbul neunzigtausend Kalligraphen auf die Straße. Sie hatten ihr Schreibpapier und Schreibgerät in einen Sarg gelegt, den sie im Trauerzug durch die Stadt trugen: Sultan Ahmed III. hatte den Buchdruck zugelassen. Der Scheich-ul-Islam Abdullah Efendi hatte durch eine Fetwa bestätigt, dass der Buchdruck dem islamischen Gesetz nicht widerspricht. In Europa wurden schon seit zweihundertfünfzig Jahren Bücher gedruckt. Im

ise kitap hala hattatlarca çoğaltılıyor, nakkaşlarca süsleniyordu.

Azınlıklar, çoktan kendi matbaalarını kurmuşlardı. İspanya'dan kovulan Sefaradlar, daha 1493 yılında kendi basımevlerini açmışlardı – bu İstanbul'un ilk basımeviydi. Onu 1567 yılında Ermeniler ve 1627 yılında Rumlar takip etti. Türkçe kitap basımını ise Osmanlı sultanları, ulemanın ve hattatların tepkisinden korktukları için yasaklamışlardı. Ancak Osmanlı, Avrupa'daki gelişmelere uzun süre daha duyarsız kalamayacağını farketmişti. Avrupa ile barış içinde, aynı haklara sahip yaşamak istiyorsa, teknik alandaki ilerlemeleri yakalamak zorundaydı.

İbrahim Müteferrika, padişaha başvurunun zamanını çok iyi seçti. Dilekçede matbaanın gereğine değinip Türkçe kitap basmak için padişahın rızasını istedi. III. Ahmed, dini ve kelam kitapların basılmaması koşuluyla, onayladı.

Kalvenist kökenli Müteferrika, eskiden Macaristan'a ait olan Kolojvar kasabasında matbaacılığı yakından tanımıştı. 1692 yılında Türk akıncıların eline tutsak düşünce, İstanbul'a getirilip orada köle olarak satıldı. Kölelikten kurtulmak için Müslümanlığı kabul edip İbrahim adını aldı. Papalığı eleştirdiği «Risale-i İslamiye» adlı eseriyle, Sadrazam İbrahim Paşa'nın dikkatini çekti ve saraya alındı. Türkçe dışında, Latince ve modern Avrupa dilleri bilen İbrahim Efendi, Osmanlı adına görüşmelere katıldı ve müteferrikalığa yükseldi. Bu yüzden İbrahim Müteferrika adıyla anıldı.

Müteferrika, 1727 yılında padişahtan matbaa açma iznini kopardı. Makineleri ve kalıpları Hol-

Osmanischen Reich aber wurden Texte immer noch von Schreibern vervielfältigt und von Miniaturmalern verziert.

Die Minderheiten im Osmanischen Reich hatten längst ihre eigenen Druckereien gegründet. Die aus Spanien vertriebenen Sephardim eröffneten bereits 1493 ihre Druckerei – die erste in Istanbul. Ihnen folgten 1567 die Armenier und 1627 die Griechen. Türkischen Buchdruck hatten die osmanischen Sultane nicht erlaubt, da sie den Widerstand der Ulema, der islamischen Geistlichkeit, und der Kalligraphen fürchteten. Aber die Osmanen wussten, dass sie die europäischen Entwicklungen nicht mehr außer acht lassen durften. Sie mussten mit dem kulturellen und technischen Fortschritt gleichziehen, wenn sie mit Europa in Frieden und Gleichberechtigung leben wollten.

Ibrahim Müteferrika kam mit seinem Gesuch an den Sultan genau zur rechten Zeit. Er beschrieb die Notwendigkeit einer Druckerei und bat um die Erlaubnis des Padischah, türkische Bücher drucken zu dürfen. Unter der Bedingung, dass Bücher religiösen Inhalts nicht gedruckt wurden, erteilte Sultan Ahmed III. seine Zustimmung.

Müteferrika, ursprünglich Calvinist, hatte in Koloschvar im damaligen Ungarn im Druckgewerbe gearbeitet. Im Jahr 1692 fiel er plündernden türkischen Soldaten in die Hände und kam nach Istanbul, wo er als Sklave verkauft wurde. Um ein freier Bürger zu werden, bekehrte er sich zum Islam und erhielt den Namen Ibrahim. Durch das Buch «Abhandlung über den Islam», in dem er das Papsttum kritisierte, wurde der Großwesir Ibrahim Pascha auf ihn aufmerksam und holte ihn ins Serail. Ibrahim Efendi, der außer Türkisch auch Latein und moderne europäische Sprachen beherrschte, nahm an diplomatischen Missionen des Osmanenreiches teil und wurde Müteferrika, ständiger Begleiter des Sultans. Nun hieß er Ibrahim Müteferrika.

Im Jahr 1727 erhielt Müteferrika die Erlaubnis, eine Druckerei zu eröffnen. Die Druckerpressen und die Matri-

landa'dan, harf dökücüleri ve matbaa ustalarını Almanya'dan getirtti. Ocak 1729 yılında, Arapça-Türkçe bir sözlük olan ilk Türkçe kitabı neşretti. Ölüm tarihi olan 1745 yılına kadar, yirmi üç cildlik on yedi eser yayımladı. Baskı sayı toplamının 12700 olduğu tahmin ediliyor. Büyük bir itina ile dizilmiş ve güzel basılmış kitapları, bugün derlemeciler için bulunmaz hintkumaşıdır.

1729-1839 yılları arasında, Osmanlı İmparatorluğu'nda toplam olarak dört yüz Türkçe kitap basıldı. Kitap basımı herşeyden önce siyasi açıdan başarılı oldu: böylece reformlar büyük bir ivme kazandı. III. Selim ile birlikte, dini kitapların basılması üzerindeki yasak da kalktı ve 1803 yılında ilk dini kitap yayımlandı.

Sultan II. Selim'in hayat öyküsü

Şehzade Selim «mukadderat ne ise o olur» diyordu. Sarayda çok iyi bir eğitim görmüş, edebiyat, din, astronomi, devlet idaresi üzerine daha küçük yaşta dersler almıştı; yay çekmede üzerine yoktu, çok iyi de şiir yazıyordu. Ama ne annesi Hürrem Sultan ne de babası Kanuni Sultan Süleyman onu saltanat adayı görüyordu. Bir gün, Fatih Sultan

zen ließ er aus Holland, die Gießer und Setzer aus Deutschland kommen. Im Januar 1729 druckte er das erste türkische Buch, ein arabisch-türkisches Wörterbuch. Bis zu seinem Tod im Jahr 1745 brachte er siebzehn Werke in dreiundzwanzig Bänden heraus. Die Gesamtauflage wird auf 12700 Exemplare geschätzt. Seine sorgfältig gesetzten und schön gedruckten Bücher sind für den Sammler kostbare Raritäten.

Zwischen 1729 und 1839 wurden im Osmanischen Reich nicht viel mehr als vierhundert türkische Bücher gedruckt. Doch der Buchdruck hatte vor allem einen politischen Erfolg: Er beschleunigte die Reformen. Das Verbot, Bücher religiösen Inhalts zu drucken, wurde durch Selim III. aufgehoben: 1803 wurde das erste religiöse Buch gedruckt.

Die Lebensgeschichte Sultan Selims II.

«Der Mensch kann seinem Schicksal nicht entrinnen», sagte Prinz Selim. Er erhielt im Palast eine sehr gute Erziehung und bekam schon als kleiner Junge Unterricht in Literatur, Religion, Astronomie und Staatsführung; keiner spannte den Bogen besser als er, und er schrieb schöne Gedichte. Aber weder seine Mutter, die Sultanin Hürrem, noch sein Vater, Süleyman der Prächtige, sahen in ihm den

Mehmet ile yasa haline getirilen «kardeş katli» maddesine göre boğulacaktı. Zira imparatorluğun bölünmezliğini sağlamak için Osmanlı yasası böyle öngörüyordu. Bu yöntemle en güçlünün yönetime gelmesi düşünülmüştü ama, daha çok yeniçeri ve ulemayı arkasına alan şehzade padişah oluyordu. Şehzade Selim ne ulemanın ne de yeniçerilerin desteğine sahipti.

Babası, ardılı olarak büyük oğlu Şehzade Mustafa'yı düşünüyordu. Veziri azam İbrahim Paşa da, Şehzade Mustafa'dan yanaydı. Selim'in annesi Roksalana, haremdeki adıyla Hürrem Sultan, dört oğlu arasından Beyazıt'ı saltanata hazırlıyor ve bunun için etkili planlar teripliyordu.

Süleyman'ın yedi oğlundan sadece birisi gelebilirdi iktidara. Diğerleri bir gecede, ansızın cellatların kolları arasında veda edeceklerdi yaşama. Selim, ince, yağlı ipi daha şimdiden hissediyordu boğazında. Düşündükçe bir tuhaf oluyor, nefes alamıyordu. Bu nedenle tek çareyi içkide bulmuştu. Şaraba ve şiire vermişti kendini. Topkapı Sarayı'ndan uzak duruyordu; zaten Manisa valisiydi, şüphesiz sarayda olup bitenleri de yakından biliyordu.

Zamanla rakip sayısı azalmaya başladı Selim'in. Üç kardeş ecelinden öldü. Hürrem Sultan bir yolunu bulup on üç yıllık veziri azam İbrahim Paşayı öldürttü ve damadı Rüstem Paşayı veziri azamlığa getirtti. Bununla oğlu Beyazıt'ı tahta çıkarma şansı daha da arttı.

O sıralarda Osmanlı'nın, İran Şahı Tahmasb ile ilişkileri iyi değildi. Hürrem Sultan, Şehzade Mustafa'nın ağzından İran Şahı'na mektup-

Thronfolger. Eines Tages würde er, wie es seit Sultan Mehmet dem Eroberer per Gesetz erlaubt war, erdrosselt werden. Durch die Legitimierung des «Brudermords» sollte die Aufteilung des Reiches verhindert werden. Dahinter stand der Gedanke, dass auf diese Weise der Stärkste an die Macht kam; doch meist wurde derjenige Prinz Sultan, der die Janitscharen und die Ulema, die islamischen Theologen, hinter sich hatte. Prinz Selim aber besaß weder die Unterstützung der Geistlichkeit noch die der Janitscharen.

Selims Vater sah in seinem ältesten Sohn, Prinz Mustafa, den Nachfolger auf dem Thron. Auch Großwesir Ibrahim Pascha stand auf der Seite des Prinzen Mustafa. Selims Mutter Roxelane, mit ihrem Haremsnamen Sultanin Hürrem, bereitete hingegen Beyazıt, einen ihrer anderen vier Söhne, für das Sultanat vor und schmiedete dafür eifrig Pläne.

Nur einer der sieben Söhne Süleymans konnte an die Macht kommen. Die anderen mussten eines Nachts und unerwartet in den Armen eines Henkers vom Leben Abschied nehmen. Selim vermeinte schon die dünne geölte Schnur an seinem Hals zu spüren. Wenn er daran dachte, wurde er ganz verzweifelt und bekam keine Luft mehr. Seinen einzigen Ausweg sah er im Alkohol. Er trank Wein und schrieb Gedichte. Vom Topkapıpalast hielt er sich fern; er war Gouverneur von Manisa. Allerdings wusste er ziemlich genau, was im Palast des Sultans vor sich ging.

Mit der Zeit wurde die Zahl der Thronanwärter kleiner. Drei Brüder starben eines natürlichen Todes. Die Sultanin Hürrem fand Mittel und Wege, den Großwesir Ibrahim Pascha ermorden zu lassen, der dreizehn Jahre im Amt gewesen war, und ihren Schwiegersohn Rüstem Pascha zu seinem Nachfolger zu machen. Damit stiegen die Aussichten, ihren Sohn Beyazıt auf den Thron zu bringen.

Zu jener Zeit waren die Beziehungen der Osmanen zum persischen Schah Tahmasb nicht die besten. Im Namen des Prinzen Mustafa schrieb Hürrem Briefe an den Schah von

lar kaleme alıp Kanuni Süleyman'a ulaştırdı. Böylece Mustafa'yı gammazladı. Kanuni Sultan Süleyman İran seferi için orduyu topladı. Bu sefere gelenek icabı tüm oğullarının katılması gerekiyordu. Selim askerleri ile Manisa'dan hareket etti ve Van yakınlarında sultan ordularının karargahına geldi. Babasının otağına girip el öptü ve yanına kendi otağını kurdurttu.

Selim'i Mustafa takip etti. Vezirler Mustafa'ya Süleyman'ın çadırına kadar refakat ettiler. Birden imdat sesleri geldi Selim'in kulağına. Selim babasının otağına geri döndüğünde, Mustafa yedi cellatla boğuşuyordu. Bir ara kurtuldu, ama kement tekrar dolandı Mustafa'nın boynuna. Müdahale etmedi Selim. Tüm bu olup bitenleri babasının bir perde arkasından izlediğini gördü.

Persien, die sie Süleyman dem Prächtigen zuspielte. Auf diese Weise denunzierte sie Mustafa. Süleyman rüstete zum Krieg gegen Persien. An diesem Feldzug mussten gemäß der Tradition alle seine Söhne teilnehmen. Auch Selim brach mit seinen Soldaten von Manisa auf und zog zum Heerlager des Sultans bei Van. Dort trat er ins Zelt seines Vaters Süleyman, küsste ihm die Hand und ließ sein eigenes Zelt neben dem des Vaters aufschlagen.

Nach Selim traf Mustafa ein. Die Wesire begleiteten ihn zum Zelt Süleymans. Da drangen Hilfeschreie an Selims Ohr. Als Selim wieder in das Zelt seines Vaters ging, sah er, wie sich Mustafa gegen sieben Henkersknechte zur Wehr setzte. Fast wäre es ihm gelungen, sich zu befreien, doch plötzlich zog sich die Schlinge um Mustafas Hals zusammen. Selim griff nicht ein. Er sah, dass sein Vater das Geschehen hinter einem Vorhang beobachtete. Jetzt gab es

Gerçi bir rakip azalmıştı ama, Selim kardeşinin gözleri önünde boğulmasından çok etkilendi. Olaydan bir kaç ay sonra kardeşi Cihangir'i kaybetti. Cihangir'in yufka yüreği kardeş kayıbına daha fazla dayanamadı.

Mustafa'nın boğulması ve Cihangir'in ölmesi ile Beyazıt'a saltanat yolu açıldı. Hürrem Sultan oğlu Beyazıt'a, babasının çok ihtiyarladığını ve her an tahta çıkmak için hazır olmasını yazıyordu. Ancak Selim'in şansı bir kez daha yaver gitti. Zira Beyazıt'ı tahta oturtmak için ince Bizans entrikalarına çok iyi hakim olan annesi aniden öldü. Tahta kesin gözüyle bakan Beyazıt, annesinin beklenmedik ölümüyle kuşkuya kapıldı. Selim'i yok etmek için harekete geçti.

Kanuni Süleyman kendisi hayattayken oğullarının birbirini yemesine izin veremezdi. Araya girip Şehzade Selim'i Manisa valiliğinden Konya'ya, Beyazıt'ı ama Kütahya valiliğinden Amasya'ya atadı. Selim tereddütsüz babasının emrine itaat etti. Ama Beyazıt kuşkulandı. Niçin Amasya'ydı? Bunun altında art niyet mi yatıyordu? Zira Amasya İstanbul'a Konya'dan daha uzaktı. O güne kadar hep babasının ölümünü ilk haber alan ve İstanbul'a ilk gelen kazanmıştı iktidar kavgasını. Bu yüzden Beyazıt babasının emrine karşı çıktı. İşte o günden itibaren iktidar şansı Selim'den yana dönmeye başladı. Beyazıt hırçınlaştıkça, Selim ölçülü davrandı. Beyazıt'ın en çok güvendiği Lala Mustafa Paşa'yı kendine kazanmasını bildi. Beyazıt, Lala Mustafa Paşa'ya, Selim'i nasıl yeneceğine dair mektuplar yazıyordu. Selim, Lala Mustafa Paşa aracılığıyla bu mektupları sultana iletti. Babasının Lala Mustafa Paşa üzerinden Beyazıt'a yazdığı uyarı mektuplarına el koydu.

zwar einen Thronanwärter weniger, doch Selim war tief erschüttert, dass sein Bruder vor seinen Augen erdrosselt worden war. Wenige Monate nach diesem Vorfall starb Selims Bruder Cihangir. Cihangirs mitfühlendes Herz hatte den Schmerz über den Verlust des Bruders nicht verkraftet.

Mit der Ermordung Mustafas und dem Tod Cihangirs schien für Beyazıt der Weg zum Sultanat frei. Die Sultanin Hürrem schrieb ihrem Sohn, er solle sich, da der Vater ziemlich alt sei, bereit halten, den Thron zu besteigen. Doch wieder kam Selim das Glück zu Hilfe. Denn die Mutter, die sich so meisterhaft auf byzantinische Machtintrigen verstand, starb plötzlich. Beyazıt, der sich bereits als sicheren Thronerben betrachtet hatte, geriet in Angst. Er unternahm alles, um Selim aus dem Weg zu räumen.

Süleyman der Prächtige konnte nicht zulassen, dass seine Söhne sich bekämpften, während er noch am Leben war. Deshalb griff er ein und beorderte Prinz Selim von der Provinz Manisa nach Konya, Beyazıt aber von Kütahya nach Amasya. Selim gehorchte dem Befehl des Vaters unverzüglich. Aber Beyazıt war argwöhnisch. Warum sollte er nach Amasya? Was steckte dahinter? Amasya war von Istanbul viel weiter entfernt als Konya. Und immer hatte derjenige den Machtkampf um den Thron gewonnen, der die Nachricht vom Tod des Vaters als erster erhielt und als erster in Istanbul eintraf. Deshalb widersetzte sich Beyazıt dem väterlichen Befehl. Von diesem Tag an wendete sich das Glück endgültig zu Selims Gunsten. Während Beyazıts Ingrimm sich von Tag zu Tag steigerte, blieb Selim ruhig und gelassen. Es gelang ihm, den Prinzenerzieher Lala Mustafa Pascha auf seine Seite zu ziehen, dem Beyazıt am meisten vertraute. Beyazıt schrieb Briefe an Lala Mustafa Pascha, wie er Selim aus dem Rennen schlagen wollte. Diese Schreiben ließ Lala Mustafa Pascha dem Sultan überbringen. Die Briefe, die der Sultan durch Lala Mustafa Pascha an Beyazıt schrieb, fing Selim ab. Schließlich wurde Beyazıt zum

Sonunda Beyazıt babasına karşı asi ilan edildi ve üzerine bir kuvvet gönderildi. Beyazıt karısı ve çocuklarıyla İran'a kaçtı. Osmanlı İran'da bir saltanat varisinin yaşamasına göz yumamazdı. İran Şahı'na bir kaç hediye gönderip bu işi halletti: Beyazıt, Osmanlı elçilerine teslim edildi, İstanbul'a getirilirken öldürüldü ve şehzadeler mezarlığına gömüldü.

Şimdi Selim hiç acele etmeden babasının ölümünü bekleyebilirdi. Sultan Süleyman ikinci kez Macaristan seferine çıkmıştı. Selim sarayında gününü gün ediyordu. Sohbet arkadaşı Celal Bey, hocası Ataullah Efendi ve lalası Tütünsüz Hüseyin Paşa ile ava çıkıyor, akşamları rakı sofraları kuruluyor, karşılıklı şiirler okunuyordu.

Bir akşam içeri bir ulak girdi ve Zigetvar kalesinin zaptedildiği, sultanın sağlık durumunun çok iyi olduğu haberini iletti. Ancak ulak elinde veziri azam Sokullu Mehmet Paşa'nın mührünü taşıyan bir mektup tutuyordu. Şehzade mektubu açıp okudu, ulağa hiç renk vermedi. Ona bir kaç altın verip gönderdi. En yakın muhafızlarını yanına alıp İstanbul'a, oradan da hemen Belgrad'a hareket etti. Zira veziri azam mektupta babasının vefat ettiğini, Selim'in derhal cepheye gelip saltanatı devralmasını yazmıştı. Ancak bunu kimseye söylememesini istirham ediyordu, çünkü savaş halindeki ordunun başsız kalınca bozulacağından korkuyordu.

Böylece Selim kırk dört yaşında, on birinci Osmanlı padişahı olarak saltanatı devraldı. Devlet işlerini tecrübeli sadrazam Sokullu Mehmet Paşa'ya devredip kendi Topkapı Sarayı'na çekildi. Savaşa gitmeyen ilk Osmanlı padişahı o oldu. İstanbul'da ilk ölen padişah da o oldu. Gerçi

Rebellen gegen seinen Vater erklärt, und man sandte Truppen gegen ihn aus. Beyazıt floh mit Frau und Kindern nach Persien. Die Osmanen konnten nicht dulden, dass ein Anwärter auf den Sultansthron sich in Persien aufhielt. Sie schickten dem Schah Geschenke, und bald war die Sache erledigt: Beyazıt wurde dem osmanischen Gesandten übergeben, und auf dem Weg nach Istanbul wurde der Brudermord vollzogen. Sein Grab erhielt er im Prinzenfriedhof.

Nun konnte Selim in aller Ruhe den Tod seines Vaters abwarten. Zum zweiten Mal bereits zog Sultan Süleyman mit seinem Heer gegen Ungarn in den Krieg. Selim lebte indes in seinem Palast vergnüglich von einem Tag auf den anderen. Mit seinem engsten Vertrauten Celal Bey, seinem Lehrer Ataullah Efendi und seinem Erzieher Tütünsüz Hüseyin Pascha ging er auf die Jagd, abends wurde der Rakıtisch eröffnet und man las sich Gedichte vor.

Da traf eines Abends ein Bote ein mit der Nachricht, die Festung Sziget sei gefallen und der Sultan bei bester Gesundheit. Jedoch hielt der Bote auch einen Brief mit dem Siegel des Großwesirs Sokullu Mehmet Pascha in der Hand. Der Prinz öffnete und las, verriet aber mit keiner Miene den Inhalt des Briefes. Er gab dem Boten ein paar Goldstücke und schickte ihn weg. Sofort brach er mit seinen engsten Begleitern nach Istanbul auf und eilte von dort aus nach Belgrad. Denn der Großwesir hatte geschrieben, dass der Sultan gestorben sei und Selim sofort nach Belgrad an die Front kommen und das Sultanat übernehmen solle. Er bat ihn aber, niemandem davon zu erzählen, da er befürchtete, das Heer würde ohne einen Sultan an der Spitze auseinanderfallen.

So bestieg Selim im Alter von vierundvierzig Jahren als elfter osmanischer Sultan den Thron. Er übertrug die Staatsführung dem erfahrenen Großwesir Sokullu Mehmet Pascha und zog sich in den Topkapıpalast zurück. Er war der erste osmanische Sultan, der nicht ins Feld zog. Er war auch der erste, der in Istanbul starb. Zwar wurden während seiner

Kıbrıs adası ve Yemen onun zamanında fethedildi, Osmanlı İmparatorluğu İnebahtı'da Avrupa'ya karşı ilk yenilgiyi de onun saltanatı döneminde aldı. Ama ordunun başında hep sadrazam Sokullu Mehmet Paşa bulundu.

Selim ne oğul öldürttü ne de vezir. Babasının biriktirdiği servetin sayesinde ihtişamlı bir hayat sürdü. Gece gündüz içti. Güzel sesli ve en iyi çalgıcıları müzik yapmaları için sarayına aldı. Bir gün hamamda sazlı sözlü bir eğlencede kalkıp oynamak istedi, ancak ayağı kayıp düştü. Üç gün sonra da öldü.

Saltanatı sekiz yıl gibi kısa bir zaman sürdü. Ama bu zaman zarfında ölmez eserler yaptırdı. Edirne'de Mimar Sinan'ın başyapıtı Selimiye Camii'ni o inşa ettirdi. Ayasofya Camii'ni istinat duvarlarıyla sağlamlaştırttı, Mimar Sinan'a iki minare ve iki medrese ekletti. Lefkoşe'de Selimiye Camii, Mekke'de su yolları, hanlar, hamamlar yaptırdı. Ehlikeyf olduğu için Sarhoş, kumral olduğu için de Sarı Selim diye tarihe geçti.

Bir de şu beyiti kaldı:
« Biz bülbül-i muhrik-dem-i gül-zar-ı firakiz. / Ateş kesilir geçse saba gülşenimizden.»

İnebahtı, Avrupa'nın gururu

Hıristiyan Avrupa ile Müslüman Doğu arasındaki itilaf Osmanlıların Konstantinopolis'i fethi ile (1453) had safhaya ulaştı. 1489 yılından beri Venediklilerin elinde bulunan Kıbrıs 1570 yılında Osmanlılarca kuşatıldı. Bunun üzerine Papa V. Pio 1570 yılında tüm Hıristiyanları Türklere

Zeit Zypern und der Jemen erobert, und das Osmanische Reich erlebte in der Seeschlacht von Lepanto seine erste große Niederlage gegen Europa. Aber es war stets Sokullu Mehmet Pascha, der an der Spitze des Heeres kämpfte.

Selim ließ weder seine Söhne noch seine Wesire ermorden. Dank den Reichtümern, die sein Vater angehäuft hatte, führte er ein luxuriöses Leben. Er durchzechte Tage und Nächte. Die besten Sänger und Musiker ließ er in seinen Palast rufen, damit sie für ihn spielten. Eines Tages wollte Selim im Dampfbad zur Musik tanzen, dabei rutschte er aus und stürzte. Drei Tage später starb er.

Sein Sultanat dauerte nur kurze acht Jahre. Doch während dieser Zeit ließ er unvergängliche Kunstwerke schaffen. Er gab die Selimiye-Moschee in Edirne in Auftrag, das Hauptwerk des Architekten Sinan. Er ließ die Hagia-Sophia-Moschee mit Stützmauern versehen und durch Sinan zwei Minarette und zwei Medresen anbauen. Die Selimiye-Moschee in Nikosia, Kanäle in Mekka, Karawansereien und Dampfbäder gehen auf ihn zurück. Da er ein Genussmensch war, ging er als der «Betrunkene», da er helles Haar hatte, als der «Blonde Selim» in die Geschichte ein.

Er hinterließ folgenden Zweizeiler:

«Wir sind der Rosengarten, nach dem die Nachtigall sich verzehrt. / Der sanfte Ostwind wird darin zum Feuersturm.»

Lepanto, der Stolz Europas

Die Auseinandersetzungen zwischen dem christlichen Europa und dem islamischen Orient strebten nach der Eroberung Konstantinopels durch die Osmanen (1453) auf einen neuen Höhepunkt zu. Die Insel Zypern, seit 1489 in venezianischem Besitz, wurde 1570 von den Osmanen belagert. Da rief Papst Pius V. die Christenheit zum Krieg gegen die

karşı savaşa çağırdı. Büyük bir donanmanın «kafirlere» karşı Ege'ye gönderilmesi için yoğun bir faaliyete girişti. Fransa, Almanya ve Polonya bu çağrıyı reddetti ama, İspanya, Venedik ve Malta olumlu karşıladı. 16 Eylül 1571'de «Kutsal İttifak» donanması iki yüzün üzerinde iyi donatılmış kadırgalarla Messina limanından ayrıldı. Sancakları üzerindeki haç işaretinin altında «in hoc signo vinces», «bu işaret seni zafere götürecektir» yazılıydı. Madrid, Roma ve Venedik'te bir Haçlı Seferi havası esiyordu.

«Kutsal İttifak» donanması 7 Ekim'de Patras ve Korint körfezi arasındaki İnebahtı (Rumca Navpaktos) limanına demir atmış Osmanlı donanması ile karşılaştı. Osmanlı donanması sayıca üstündü ama, silah üstünlüğü Avrupalılarda idi. Türkler genellikle ok ve yay kullanırken, Avrupalılar ateşli silahlarla savaşıyordu. 500 savaş gemisi 75000 kişiyle hücuma geçti. Dört saat göğüs göğüse çarpıştı iki taraf. Müttefik ordusunun başkumandanı, İspanya kralı II. Filip'in üvey kardeşi Juan de Austria, kaptan-ı derya Ali Paşa'nın kadırgasını zaptetti. Güneş batarken iki yüz Osmanlı gemisi batırılmış ya da teslim alınmıştı. Böylece savaş Avrupanın lehine sonuçlanmış oldu.

«Don Kişot»'un yazarı Miguel de Cervantes 24 yaşında bu savaşa gönüllü katılmıştı. Göğüs göğüse çarpışmada sol elini kaybetti ve kendisine «El manco de Lepanto», İnebahtı'nın Tek Kollusu adı takıldı. Ama Cervantes tüm yaşamı boyunca bu «en muhteşem muharebeye» katılmakla övündü ve savaşta aldığı yaradan gurur duydu.

İnebahtı Deniz Savaşı, imanın imansızlar üzerinde zaferi olarak Avrupa'da büyük şenliklerle kutlandı. Yağmalanan Osmanlı gemileri ve sancakları,

Türken auf. Eine große Flotte sollte gegen die «Ungläubigen» in die Ägäis geschickt werden. Frankreich, das Deutsche Reich und Polen lehnten eine Beteiligung ab, aber Spanien, Venedig und Malta konnten gewonnen werden. Am 16. September 1571 verließen mehr als zweihundert gut ausgerüstete Galeeren der «Heiligen Liga» den Hafen von Messina. Auf ihrer Standarte war ein Kreuz mit der Inschrift «in hoc signo vinces», «in diesem Zeichen wirst du siegen». In Madrid, Rom und Venedig herrschte Kreuzzugsstimmung.

Am 7. Oktober traf die Flotte der «Heiligen Liga» mit der türkischen Flotte zusammen, die im Hafen von Lepanto (griechisch Navpaktos) zwischen dem Golf von Patras und dem Golf von Korinth vor Anker lag. Die osmanische Flotte war zahlenmäßig überlegen, aber die Europäer waren besser bewaffnet. Während die Türken meist noch Pfeil und Bogen benutzten, kämpften die Europäer schon mit Handfeuerwaffen. 500 Schiffe und 75000 Mann waren an der Schlacht beteiligt. Sie standen sich vier Stunden lang im Nahkampf gegenüber. Doch dann eroberte der Oberbefehlshaber der Liga, Juan d'Austria, ein Halbbruder des spanischen Königs Philipp II., die Galeere des türkischen Großadmirals Ali Pascha. Als die Sonne unterging, waren über zweihundert türkische Schiffe versenkt oder geentert. Damit war der Kampf zugunsten der Europäer entschieden.

Miguel de Cervantes, der Autor des «Don Quijote», nahm 24jährig freiwillig an dieser Schlacht teil. Im Kampfgetümmel verlor er die linke Hand, was ihm den Beinamen «El manco de Lepanto», der Einarmige von Lepanto, eintrug. Cervantes rühmte sich, «in der glänzendsten Schlacht» dabei gewesen zu sein, und war stolz auf seine Kriegsverletzung.

Die Seeschlacht von Lepanto wurde in Europa als Triumph des Glaubens über den Unglauben gefeiert. Die erbeuteten osmanischen Schiffe und ihre Fahnen wurden in den

Batı'nın sahil kentlerinde sergilendi. Papa'nın büyük amirali Marcantonio Colonna muhteşem bir fener alayı ile San Sebastiano kapısından Roma'ya girdi. Papa ordularının savaş ganimeti olarak aldığı altının bir bölümü ile Roma'daki Santa Maria in Aracoeli kilisesinin tavanı kaplandı.

Sadrazam Sokullu Mehmet Paşa gayet soğukkanlı karşıladı yenilgiyi. Daha aynı yılın Ağustos ayında Osmanlılar Kıbrıs'ı fethetmişlerdi, batırılan Osmanlı donanması ise bir yıl sonra yeniden vücuda getirildi. Venedik elçisine sadrazamın şöyle dediği söylenir: «Siz donanmamızı yok etmekle bizim sakalımızı tıraş ettiniz, biz ama Kıbrıs'ı almakla sizin kolunuzu kestik. Kesilmiş kol yerine gelmez, lakin tıraş edilmiş sakal daha gür çıkar.»

Bir tren yolculuğu

Güneş tam tepede. Şehir ezan sesleriyle yankılanıyor. Yüzlerce müezzin bir türkü tutturmuş gibi, yanık seslerle Müslümanları namaza davet ediyorlar. Haydarpaşa banliyö treni ağır ağır, heybetli çınar ağaçlarının sıralandığı istasyona giriyor. Kapı ve pencerelerinden artık salkım saçak insan sarkmıyor; tren, sabah yolcularını taşımış olmanın rahatlığı içinde. Kondüktör inip istasyondaki bir görevliyle şakalaşıyor. Düdüğünü çaldığında zaten tren hareket etmiş bulunuyor. İdmanlı bir kıvraklıkla arka vagonlardan birine atlıyor.

Yolcular cansız ve gayesiz gözüküyorlar. Herkes kendi dünyasında. Biri, sırtında gri kaftanı,

Hafenstädten Europas zur Schau gestellt. Der päpstliche Großadmiral Marcantonio Colonna zog mit einem prächtigen Fackelzug durch die Porta San Sebastiano in Rom ein. Ein Teil des Goldes, das das päpstliche Heer erbeutet hatte, wurde für die Decke der Kirche Santa Maria in Aracoeli verwendet.

Der osmanische Großwesir Sokullu Mehmet Pascha nahm die Niederlage durchaus gelassen. Schon im August des gleichen Jahres hatten die Osmanen Zypern erobert, und bereits ein Jahr später war die osmanische Flotte wieder aufgerüstet. «Mit der Vernichtung unserer Flotte habt ihr uns den Bart rasiert, wir aber haben euch mit der Eroberung Zyperns den Arm abgeschnitten. Der Arm wächst nicht wieder, der rasierte Bart aber wächst noch stärker», soll er zu einem venezianischen Gesandten gesagt haben.

Eine Zugfahrt

Die Sonne hat ihren höchsten Stand erreicht. Die Stadt hallt wider von den Rufen der Muezzin. Hunderte von ihnen laden mit gepresster Stimme, fast wie im Chor, die Gläubigen zum Beten in die Moschee ein. Der Vorortzug nach Haydarpaşa rollt gemächlich in den mit prächtigen Platanen bestandenen Bahnhof ein. Da der Zug seine morgendliche, aus den Türen quellende Menschenfracht bereits abgeladen hat, herrscht eine Atmosphäre der Ruhe und Behaglichkeit. Der Schaffner steigt aus und scherzt mit einem Bahnhofsbeamten. Als er pfeift, hat sich der Zug schon wieder in Bewegung gesetzt. Mit geübtem Geschick springt er auf den fahrenden Zug auf, in einen der hinteren Wagen.

Die Fahrgäste wirken träge, sie scheinen nichts besonderes vorzuhaben. Jeder träumt vor sich hin. Einer fällt

şalvarı, başında kavuğu ve sakalıyla göze çarpıyor. Son zamanlarda bu tür giysilerle dolaşanlara daha sık rastlanıyor. Bu giysilerin belirli bir tavrı dışavurduğu biliniyor. Kaftanlının yanında oturan bir yolcu, sol-liberal Cumhuriyet gazetesi okuyor. Gazete «İsrail 'de kan durmuyor».

«İşte demokrasi bu» diyor, öfkeli bir sesle kaftanlı, yanındakine. «İşte Batı'nın iki yüzlülüğüne en güzel örnek. Bir yandan insan haklarından, özgürlüklerden dem vuruyor; öte yandan, – işine gelmediği zaman – bütün bu haklar yok edilirken susuyor.»

Gazete okuru başını kaldırıp: «Sizin daha iyi bir teklifiniz olsa gerek!» diye soruyor alaylı.

«Demokrasi insan icadı. Yalnız Allah düzeni mükemmeldir» diyor sakallı, bunu düşüncesinin doğruluğundan tamamen emin olduğu bir tonla söylüyor.

«Mükemmel düzenle İran ve Suudi Arabistan'daki şeriat sistemini veya eski Osmanlı devletini» kastediyorsunuz galiba diye iğneliyor öteki.

«Türkiye Cumhuriyeti'nde çektiğimizin yarısını çekmedik Osmanlı döneminde, Efendi. Cumhuriyet bizi kökenimizden kopardı. Yazımızı değiştirdi. Neredeyse dinimizi de değiştirecekti.»

«Asıl kökeninize dönmek istiyorsanız, o zaman Orhun harflerine ve Şamanizme kadar geri gitmeniz gerekecek» diye sözünü kesiyor Cumhuriyet okuru.

Kaftanlı «Ben Türk değil, müslümanım» yanıtını veriyor gayet ciddi.

durch seinen grauen Kaftan, seine weite Hose, den Turban und den Bart auf. In letzter Zeit begegnet man häufiger Menschen, die so gekleidet sind. Man weiß, dass diese Kleidung eine bestimmte Haltung zum Ausdruck bringt. Neben dem Mann im Kaftan liest ein Fahrgast die linksliberale Tageszeitung Cumhuriyet. Die Schlagzeile lautet: «Das Blutvergießen in Israel nimmt kein Ende».

«Das ist die Demokratie», sagt der Mann im Kaftan herausfordernd zu seinem Nachbarn. «Das ist das beste Beispiel für die Heuchelei des Westens. Auf der einen Seite sprechen sie von Menschenrechten und Freiheit; auf der anderen Seite schweigen sie dazu, dass diese Rechte mit Füßen getreten werden, wenn es ihnen opportun erscheint.»

Der Zeitungsleser blickt auf. «Sie haben wohl einen besseren Vorschlag!» fragt er ironisch.

«Die Demokratie ist eine Erfindung der Menschen. Nur die Gottesordnung ist vollkommen», erwidert der Bärtige, tief überzeugt von der Richtigkeit seiner Meinung.

«Sie meinen mit ‹vollkommen› das Scheriatsystem im Iran und in Saudi-Arabien oder den alten osmanischen Staat», spottet der andere.

«Nicht einen Bruchteil von dem, was wir unter der Türkischen Republik zu erdulden hatten, mussten wir im Osmanischen Reich ertragen, mein Herr. Die Republik hat uns von unseren Wurzeln abgeschnitten. Sie hat uns unsere Schrift genommen. Beinahe hätte sie auch unsere Religion geändert.»

«Wenn Sie zu den Wurzeln Ihrer Herkunft gelangen wollten, müssten Sie zur Orhon-Schrift und zum Schamanismus zurückkehren!» unterbricht ihn der Cumhuriyet-Leser.

«Ich bin nicht Türke, ich bin Muslim», erwidert ernst der Mann im Kaftan.

Bir üçüncü yolcu araya girip, Müslümanlığın bir din olduğunu açıklamaya çalışıyor: nasıl Hıristiyan dinine bağlı bir çok millet varsa Türk, Arap, Boşnak, Afrikalı, Hintli gibi İslam dinini benimsemiş farklı milletlerin yaşadığını anlatıyor.

Diğer yolcular tartışmayı sessiz, ama ilgiyle izliyorlar. Kaftanlı böylesi tartışmalara hazırlıklı görünüyor: «Ben sadece asimile edilmiş Türküm» diyor, rahat bir biçimde. «1071'de Anadolu'ya giren Türklerin sayısı kırk bindi. Bugün Türkiye'nin nüfusu altmış beş milyon. Herhalde bu kadar insan bu kırk bin kişiden türemiş olamaz.»

Üçüncü yolcu dünyanın hiçbir yerinde arı bir ırkın olamayacağını anlatıyor: «Önemli olan dil ve kültür birliğidir.»

Tren Haydarpaşa Garı'na girip frenliyor. Son durak. Kimse acele etmiyor inmek için; öncelik tartışmacılara bırakılıyor. Yavaş yavaş vagon boşalıyor. Bazıları bir süre daha takip ediyor bu üçlüyü. Sonunda kaftanlı öteki iki yolcuya elini uzatıp «hayırlı günler!» diliyor.

Bir başka yolcu «Bunlara karşı ihtiyatı elden bırakmamak lazım» diye fısıldıyor yanındaki arkadaşına.

Adları meçhul kadın sanatçıların yapıtları

Şehrazat, hayatta kalabilmek için anlattığı hikayelerle, uçsuz bucaksız bir kilim dokudu. Anadolu kadınları, Şehrazat'ın öykülerini kilime işledi. Ancak kilim, Bin Bir Gece Masalları'nın tersine, bir kaç yıl öncesine kadar Batı'nın ilgisini çekmedi. Halı üzerine verilen

Ein dritter Fahrgast mischt sich ein und versucht zu erklären: der Islam sei eine Religion, und so, wie die christliche Religion Anhänger aus verschiedenen Nationalitäten hat, gebe es auch verschiedene Nationalitäten – Türken, Araber, Bosnier, Afrikaner, Inder –, die Muslime sind.

Die anderen Fahrgäste verfolgen die Unterhaltung stumm, aber mit Aufmerksamkeit. Der Mann im Kaftan scheint auf diese Art Debatte gut vorbereitet: «Ich bin nur assimilierter Türke», erwidert er gelassen. «Die Türken, die im Jahr 1071 nach Anatolien kamen, waren 40000 an der Zahl. Heute hat die Türkei aber 65 Millionen Einwohner. Die können doch gar nicht alle von jenen 40000 abstammen.»

Der dritte Fahrgast erklärt, dass es nirgendwo auf der Welt reine Rassen gebe: «Das Entscheidende ist die Gemeinsamkeit der Sprache und der Kultur.»

Der Zug fährt in den Bahnhof Haydarpaşa ein. Endstation. Niemand hat es besonders eilig mit dem Aussteigen; man lässt den Diskutierenden den Vortritt. Langsam leert sich der Wagen. Einige gehen den Dreien noch eine Weile nach. Zuletzt streckt der Mann im Kaftan den beiden anderen die Hand hin und verabschiedet sich mit dem Gruß: «Noch einen gesegneten Tag!»

«Bei dem muss man vorsichtig sein», flüstert ein anderer Fahrgast seinem Freund zu.

Werke namenloser Künstlerinnen

Scheherezade wob einen unendlichen Teppich aus Geschichten, die sie erzählte, um ihr Leben zu retten. Die Frauen in Anatolien webten die Geschichten der Scheherezade in ihre Teppiche ein. Aber im Unterschied zu den Märchen aus Tausendundeiner Nacht interessierte sich der Westen bis vor wenigen Jahren nicht für Kelims. In Symposien zum

konferanslarda, sadece adı anıldı. Hatta batılı
uzmanlar, Divriği Ulu Camii'ndeki on altıncı
yüzyıla ait kilimleri Osmanlı halı örnekleri
zannettiler. Çünkü rağbet, saray ve camilerden
tanınan halı üzerinde yoğundu. Oysa kilim
halıya oranla, gerek motif gerekse dokuma
tekniği açısından çok daha eski bir geçmişe
sahiptir.

80'li yıllardan itibaren kilim, yavaş yavaş
Batı'nin beğenisini kazanmaya başladı. Eski-
den yörük çadırlarını süsleyen kilimin itibarı
giderek arttı. Değerli bir ticari eşya, bir ince-
leme alanı oldu. Bu, anadan kıza ve geline ak-
tarılan kilim dokuma sanatını yeniden canlan-
dırdı. 90'lı yılların başında San Francisco'-
daki Fine Arts Müzesi'nin kapılarını kilime
daimi açması ile kilim bir sanat türü olarak
artık yerleşti.

Türkmen kadınları şamanist gelenek ve inanç
tasavvurlarını, doğum ve ölüm deneyimlerini ki-
lime dokudular. Renk ve motifleri, kendi yörük
yaşamlarından seçtiler: İnsan, hayvan ve çiçekler,
yaratılışın fiziksel ve ruhsal düzenini simgele-
diler. Kilim bir roman, bir tablo gibi okunması
gereken bir sanat yapıtıdır. Bir kadın figürü olan
«elibelinde» motifi, eski bir bereket sembolü
sayılmaktadır. Kökeni Anadolu'nun anatanrıça
kültüne kadar uzanır. «Elibelinde», üçgen biçi-
minde bir vücudun üzerinde, eşkenar dörtgen bir
kafa ve kol olarak içeriye dönük bir çift çengelle
tasvir edilir. Kilim dokuyucularının boğa veya
koç boynuzu diye adlandırdığı ikili çengeller biçi-
mindeki çiftboynuz, erkek figürünü canlandırır.
Kilimde, çok sık rastlanılan diğer bir motif ise
mihraptır. Daha çok namazlıklarda kullanılır,

Thema Teppich wurde der Kelim immer nur am Rande er-
wähnt. Westliche Spezialisten glaubten sogar, die Kelims in
der Ulu Cami in Divriği, die aus dem 16. Jahrhundert
stammen, seien nur eine Vorlage für osmanische Knüpf-
teppiche. Das Interesse galt ja den Teppichen, die man aus
dem Serail und den Moscheen kannte. Dabei hat der Kelim
sowohl motivlich als auch webtechnisch eine viel längere
Tradition als der geknüpfte Teppich.

Seit den 80er Jahren kommt der Westen allmählich auf
den Geschmack. Kelims, die einstmals die Zelte der Yörüken
schmückten, gewinnen Ansehen. Der Kelim ist zu einem
begehrten Handelsobjekt und zum Gegenstand der Forsch-
ung geworden. Dadurch belebte sich auch die Webkunst
wieder, die von der Mutter an die Tochter und Schwieger-
tochter weitergegeben wurde. Anfang der 90er Jahre wurde
im Museum of Fine Arts in San Francisco eine ständige
Kelimausstellung eröffnet, und damit war der Webteppich
endgültig als Kunstgattung etabliert.

Die turkmenischen Frauen webten ihre schamanistischen
Traditionen und Glaubensvorstellungen und ihre Erfahrun-
gen mit Geburt und Tod in den Kelim ein. Farben und Moti-
ve nahmen sie aus ihrem Nomadenleben. Menschen, Tiere
und Blumen symbolisierten die physische und spirituelle
Ordnung der Schöpfung. Der Kelim ist ein Kunstwerk, das
wie ein Roman oder ein Gemälde gelesen werden muss. Das
Motiv «elibelinde» («die Hände an den Hüften») etwa, die
Darstellung einer weiblichen Gestalt, gilt als altes Frucht-
barkeitssymbol. Sein Ursprung geht auf den Kult der anato-
lischen Muttergottheit zurück. «Elibelinde» hat ein Dreieck
als Körper, eine auf die Spitze gestellte Raute als Kopf und
ein Paar nach innen gerichtete Haken als Arme. Doppelhör-
ner wiederum, paarweise angeordnete Haken, die die Webe-
rinnen als Stier- oder Widderhörner bezeichnen, symboli-
sieren die männliche Gestalt. Ein anderes, häufig wieder-
kehrendes Motiv ist die Gebetsnische. Sie findet sich heute

İslam'a, daha önceki kültürlerden geçmiştir. Mihrap o zamanlar da tanrı veya hükümdar için ayrılmış başköşeyi simgeliyordu, aynı zamanda cennete açılan pencerenin timsaliydi. Çok yaygın bir motif de hayatağacıdır. Mihrap içine işlenen ve onunla birleştirilen hayatağacı, cenneti, ölümden sonra yaşamın devamını canlandırır.

Kilim motifleri ve renkleri yüzyıllarca aynı kalmıştır. Bu özellik, dokuyucusuna renk ve desen birleşiminde serbestlikler tanımaz anlamına gelmez. Aynı renk ve motiflerle bezenen iki kilim birbirinden çok farklı görünürler. Çünkü her dokuyucunun renk ve biçim duyumu başkadır.

Kökboya ile boyanmış, yünden yapılan kilim, en değerlisidir. Kökboya yaşlandıkça yumuşar ve daha bir koyuluk kazanır.

Kilim dokumak bir sanattır ve binlerce yıllık bu geleneğin yaratıcısı kadınlardır. Fakat sanatçısının tamamen kendi yapıtı arkasında gizli kaldığı anonim bir sanattır aynı zamanda.

Göbek dansı, dansların en eskisi

Dansın ortaya çıkışı dinseldir. Denilir ki, ilk Yunan mitolojisinin anatanrıçası Eurynome, evreni raksederek doğurmuştur. Dansın dinsel kökeni, Babil'in sevgi ve bereket tanrıçası İştar'a kadar uzanır. Sevgilisi ölen İştar, onu geri almak için en güzel giysilerini giyinip ölüler diyarına iner. Dansederek, her biri yedi kapılı yedi kapıdan geçmek ve her yedi kapıdan sonra bir şal çıkarmak zorundadır. Onun yeryüzündeki yokluğu süresince ne çiçek açar, ne aşk, ne de bereket yaşanır. Ancak sevgilisi

meist auf Gebetsteppichen, die von Muslimen benutzt werden, stammt aber aus älteren Kulturen. Sie symbolisierte einst den Ehrenplatz einer Gottheit oder des Herrschers, stellte aber auch ein zum Paradies hin offenes Fenster dar. Ein weit verbreitetes Kelimmotiv ist der Lebensbaum. In die Gebetsnische gestellt und so mit ihr kombiniert, symbolisiert er das Paradies und das Leben nach dem Tod.

Motive und Farben des Kelim sind über Jahrhunderte hinweg gleich geblieben. Das heißt aber nicht, dass die Weberinnen bei der Zusammenstellung von Farben und Motiven keine Freiheit hätten. Zwei Kelims mit gleichen Farben und Motiven sehen dennoch völlig verschieden aus. Denn jede Weberin hat ein anderes Gespür für Farbe und Form.

Die wertvollsten Kelims sind aus Wolle, die mit Pflanzenfarben gefärbt ist. Diese Naturfarben werden mit zunehmendem Alter sanfter und gleichzeitig intensiver.

Das Teppichweben ist eine Kunst, und die Schöpfer dieser jahrtausendealten Tradition sind Frauen. Aber es ist eine anonyme Kunst, bei der die Künstlerin hinter ihrem Werk vollkommen zurücktritt.

Bauchtanz, der älteste Tanz der Menschheit

Der Tanz hat seinen Ursprung in der Religion. Es heißt, Eurynome, eine Muttergöttin der frühen griechischen Mythologie, habe den Kosmos tanzend geboren. Die religiöse Wurzel des Tanzes reicht bis zu der babylonischen Liebes- und Fruchtbarkeitsgöttin Ischtar zurück. Ischtar, deren Geliebter stirbt, schmückt sich mit ihren kostbarsten Gewändern und steigt in die Unterwelt hinab, um ihn zurückzuholen. Tanzend muss sie siebenmal sieben Tore passieren und nach jedem siebten Tor einen Schleier ablegen. Während ihrer Abwesenheit von der Erde wachsen dort weder Blumen, noch gibt es Liebe und Fröhlichkeit. Erst wenn sie

ile geri döndükten sonra yeryüzüne bahar gelir,
doğa yeniden canlanır. Her yıl ilkbaharla bir-
likte, tanrıça İştar'ın şerefine kadınlar, doğanın
bereketli ve canlı olması için raksederler.
Göbek dansı veya oryantal dans, Yakındoğu,
Orta Anadolu ve tüm Akdeniz'de yaygındı. Hare-
ket bir sarmalı andırıyordu: Kadınlar kalçalarıyla,
önce sola dışarıya, daire şeklinde içeriye ortaya,
sonra sağa dışarıya, yatık sekiz sayısı biçiminde
daireler çiziyorlardı.
Ancak daha sonra, klasik antik çağda dans dinsel
karakterinden koparılıp basit bir eğlence aracına
indirgendi. Bu andan itibaren, profesyonel dan-
sözlerin genellikle erkek seyirciler önünde oyna-
dığı bir oyun oldu, en çok da cinsel duyguları
uyandırmak ve baştan çıkarmak amacıyla.
İslam, başından beri kadınların umumda dans
etmesini hep günah saydı. Ancak Türk, Arap,
Acem, Hindistan kadınları, bu dansı koruyup bu-
güne kadar getirdiler: kalçalar bükülürken kollar
bir yılan misali kıvrılır, boyun kırılır, omuzlar sal-
lanır; buna, parmaklara takılan sarı ziller ve ayak
bileğindeki gümüş halhalın şıngırtısı eşlik eder.
Göbek dansı, doğulu kadınlar için bugün de yaşa-
ma sevincinin, eda ve güzelliğin ifadesidir.

Sular gibi çağlayalım

Ulema Aziz Hüdai Efendi, Sultan I. Ahmed'e
(1603-1617) gönderdiği bir mektupta şöyle yazı-
yordu: «Hızır Paşa kulunuz Anadolu'da ayaklan-
maları kışkırtan Bedreddin taraftarlarını ve Kızıl-
başları iyi tanır. Bana sorarsanız, onu vali olarak
Sivas'a atamanız yerinde bir karar olacaktır.»

mit ihrem Geliebten zurückkehrt, wird es Frühling, und die Natur erblüht von neuem. Jedes Jahr im Frühling tanzten die Frauen zu Ehren der Göttin Ischtar, um das Wachsen und Gedeihen der Natur zu beschwören.

Dieser Bauchtanz oder orientalische Tanz war im ganzen Vorderen Orient verbreitet, in Zentralanatolien ebenso wie am Mittelmeer. Seine Bewegung ist eine Art Spirale: Mit den Hüften vollführen die Frauen eine Kreisbewegung links von außen nach innen zur Mitte und dann rechts nach außen und zurück zur Mitte, wie eine liegende Acht.

Doch im Laufe der Zeit, schon in der klassischen Antike, wurde der Tanz seines religiösen Charakters beraubt und zu einer Form der bloßen Unterhaltung. Von da ab wurde er von professionellen Tänzerinnen vor einem meist männlichen Publikum dargeboten, häufig mit einem erotischen Beigeschmack und dem Hauch der Verführung.

Der Islam verurteilte von Anfang an den Tanz der Frauen in der Öffentlichkeit. Doch die türkischen, arabischen, persischen und indischen Frauen bewahrten diesen Tanz bis heute: das Kreisen der Hüften, das Sichschlängeln der Arme, das seitliche Verrücken des Kopfes, die Wellenbewegung der Schultern; dazu das Klappern der Fingerzimbeln aus Messing und das Geklingel von silbernen Fußspangen. Der Bauchtanz ist bis heute für die Orientalinnen Ausdruck von Lebensfreude, Anmut und Schönheit.

Strömen wir wie das rauschende Wasser

Der islamische Theologe Aziz Hüdai Efendi schrieb an Sultan Ahmed I. (1603-1617): «Euer Untertan Hızır Pascha kennt die Anhänger Scheich Bedreddins und die Kızılbaş, die ‹Rotköpfe›, die die Aufstände in Anatolien anzetteln. Wenn Ihr mich fragt, ist seine Ernennung zum Statthalter der Provinz Sıvas eine richtige Entscheidung.»

Hızır, halk ozanı Pir Sultan Abdal'ın yanında büyümüş, onun yardımıyla İstanbul'a gidip orada devlet hizmetine girmiş ve kısa zamanda önemli mevkilere yükselmişti. Fakat Pir Sultan ona bir kehanette bulunmuştu: «Bre Hızır, ben dua ederim, erenler himmet eder, sen İstanbul'a gider büyük adam olursun, paşa, vezir olursun, lakin bir gün gelir beni asarsın.»

Şimdi Hızır Paşa memleketi Sıvas'a vali olarak dönüyordu. Şehirde onu karşılamanın telaşı yaşanıyordu. Pir Sultan gelmemişti. «Paşa olsun, vali olsun, ama uzakta kalsın» demişti o. Vali Paşa, Pir Sultan'ın olmayışına içerlemişti. Banaz'a bir atlı gönderip onu konağına çağırttı. Elini öpüp halini hatırını sordu, bol ve türlü yiyeceklerle donattığı sofraya buyur etti. Fakat Pir Sultan «ben haram yemem, Hızır Paşa! Bu sofrada fakir fukaranın hakkı var. Köpeklerim bile bir lokma yemez bu yemekten» deyip teklifi geri çevirdi. Misafirlerin önünde kendisinin böyle küçük düşürülmesine öfkelendi paşa. Köpeklerin getirilmesi için derhal emir verdi. Pir Sultan her tabaktan bir lokma attı köpeklerin önüne, ancak hayvanlar ağızlarını bile sürmediler. Paşa şimdi tamamen rezil olmuştu. Pir Sultan'ı tutuklatıp Sıvas'ın Toprakkalesi'ne hapsetti.

Tutuklanma haberi tüm Sıvas yöresine yayıldı. Paşa daha ayağının tozuyla, bir ayaklanmayı tahrik etmek istemiyordu. Pir Sultan'a haberci gönderip bir şartla kendisini serbest bırakacağı, aksi takdirde astıracağı mesajını iletti. Buna göre Pir Sultan divan önünde üç deme okuyacak, fakat bu demelerin içinde Şah kelimesi geçmeyecekti. Bu garip şartın ne anlama geldiğini, bugün sadece tahmin edebiliyoruz: Sıvas yöresinde yaşayan

Hızır war bei dem Volksdichter Pir Sultan Abdal aufgewachsen, mit seiner Hilfe nach Istanbul gekommen, dort in den Staatsdienst eingetreten und in kürzester Zeit auf einen hohen Posten gelangt. Doch Pir Sultan hatte ihm prophezeit: «Hızır, ich bete für dich, die Derwische werden dir helfen. Du gehst nach Istanbul, wirst ein großer Mann, wirst Pascha, wirst Minister, aber eines Tages wirst du zurückkehren und mich hinrichten lassen.»

Jetzt kehrte Hızır Pascha als Statthalter der Provinz Sıvas in seine Heimat zurück. Die ganze Stadt war auf den Beinen, um ihn willkommen zu heißen. Pir Sultan war nicht dabei. Hızır soll Pascha sein, er soll Statthalter sein, aber er soll sich von mir fernhalten, sagte er. Der Pascha war gekränkt, dass Pir Sultan nicht gekommen war. Er schickte einen Reiter nach Banaz und ließ ihn in seinen Palast holen. Er küsste ihm die Hand, fragte nach seinem Befinden und lud ihn ein, an seinem reich gedeckten Tisch Platz zu nehmen. Aber Pir Sultan lehnte ab: «Ich esse nichts Unrechtmäßiges, Hızır Pascha. Dies hast du den Armen weggenommen. Nicht einmal meine Hunde würden einen Bissen davon fressen.» Dass er vor den Gästen derart bloßgestellt wurde, ärgerte den Pascha. Er befahl, sofort die Hunde Pir Sultans bringen zu lassen. Pir Sultan warf ihnen von jeder Schüssel einen Brocken hin, doch die Tiere rührten nichts an. Nun war der Pascha zum Gespött geworden. Er ließ Pir Sultan verhaften und in der Festung Toprakkale einkerkern.

Die Nachricht von der Verhaftung verbreitete sich in der ganzen Provinz Sıvas. Der Pascha wollte nicht gleich nach seiner Ankunft einen Aufstand provozieren. Er schickte einen Boten zu Pir Sultan und ließ ihm sagen, dass er ihn freilassen wolle, allerdings unter einer Bedingung; und wenn er diese Bedingung nicht erfülle, werde er ihn hinrichten lassen. Pir Sultan sollte in aller Öffentlichkeit drei Gedichtstrophen vortragen, in denen das Wort Schah nicht vorkommen durfte. Was es mit dieser sonderbaren Be-

halkın büyük bir çoğunluğu alevidir. Aleviler kendilerini İran Safavilerine daha yakın hissediyorlardı. Şah kelimesinden Anadolu'daki ayaklanmaları destekleyen Safavi hükümdarı Şah Tahmasb'ın kastedildiği sanılmaktadır.

Pir Sultan, şartı kabul etti. Üç gün sonra elinde sazı, divanın huzuruna çıktı. Önce Hızır Paşa'ya dönüp «Paşa, Paşa» dedi, «hatırlıyor musun? Günün birinde asılırsam, idam fermanımı sen vereceksin demiştim». Sonra üç deme okudu ve üçü de «Şah» ile başlıyordu. «... Hızır Paşa bizi berdar etmeden / Açılın kapılar Şah'a gidelim / Siyaset günleri gelip yetmeden / Açılın kapılar Şah'a gidelim.»

Böylece Pir Sultan, idamını bizzat imzalamış oldu. Kentin sokaklarında dolaştırılarak taşlandı. En yakın dostunun bu emre boyun eğip taş yerine gül atması onu daha çok yaraladı: «Ellerin attığı taş bana değmez / İlle dostun gülü yaralar beni.»

Ancak Pir Sultan'ın öyküsü burada bitmez. Sabah onun asılmasından sonra, kahveye gelen birçok insan, Pir Sultan'la şehrin kapısında karşılaştıklarını anlatırlar. Biri onu atına binmiş giderken gördüğünü, diğeri biraz evvel birlikte tütün sardıklarını söyler. Pazar yerine gelen seyir

dingung auf sich hatte, können wir nur vermuten : Ein Großteil der Bewohner von Sıvas waren Aleviten, die den Safawiden im Iran nahestanden. Möglicherweise bezieht sich « Schah » hier auf den Safawidenherrscher Tahmasb, der die Aufstände in Anatolien unterstützte.

Pir Sultan war einverstanden. Drei Tage später trat er öffentlich auf, mit der Saz in der Hand. Zuerst wandte er sich an Hızır Pascha : « Pascha », begann er, « weißt du noch? Ich habe gesagt : Wenn ich eines Tages hingerichtet werde, wirst du es sein, der den Befehl dazu gibt. » Dann trug er drei Strophen vor, und jede enthielt das Wort « Schah » : « ... Bevor Hızır Pascha mich hängt / Öffnet die Tore, wir gehen zum Schah / Bevor der Tag der Hinrichtung kommt / Öffnet die Tore, wir gehen zum Schah. »

So unterzeichnete Pir Sultan sein Todesurteil selbst. Er wurde durch die Straßen geführt und gesteinigt. Auch sein bester Freund musste sich dem Befehl beugen, aber er warf statt eines Steins eine Rose. « Die Steine der Fremden treffen mich nicht / Aber die Rose des Freundes verletzt mich. »

Doch die Geschichte von Pir Sultan ist hier nicht zu Ende. Gäste, die am Morgen nach seiner Hinrichtung ins Kaffeehaus kommen, berichten, sie hätten ihn zu einem Stadttor hinausgehen sehen. Einer erzählt, er sei auf einem Pferd weggeritten, ein anderer, er habe mit ihm Tabakblätter gerollt. Schaulustige, die auf den Marktplatz kommen, sehen

meraklıları, darağacında sadece boş bir ipin sallandığını görürler. Bu müthiş haber, vali konağına kadar ulaşır. Paşa'nın kolluk kuvvetleri dörtnala, şehrin dört kapısından Pir Sultan'ı takibe çıkarlar. Onun Kızılırmak köprüsünü geçtiğine şahit olunur. Atlılar nehre vardığında, Pir Sultan, «Eğil köprü!» diye buyurur ve köprü suya batar. Nehrin öbür yakasında askerler, onun hiç aldırmadan gidişini seyrederler.

Alevi halk şairlerinden Pir Sultan Abdal'ın öyküsü bu. Pir Sultan, Sıvas'ın Yıldızeli kazasına bağlı Banaz köyünde doğdu. Osmanlılara karşı Sıvas sancağında bir ayaklanma düzenlediği için idam edildi. Ne zaman yaşadığı ise tam bilinmiyor.

Pir Sultan Abdal okuma-yazma bilmeyen kırsal kesimin şairidir. Onun şiiri medrese ve tekke şiirine bir tepkidir. Sözlü halk şiiri geleneğine bağlı, aşık tarzının yaratıcısıdır. Aşık, deyişlerini sazla söyleyen halk ozanıdır. Aşık Nesimi, Aşık Hatayi, 1973 yılında vefat eden Aşık Veysel, Pir Sultan Abdal'ın en meşhur takipçilerindendir.

Adaletsizliğe karşı sonuna kadar ödün vermeyen bir ozan olarak Pir Sultan Abdal, inancı uğruna ölümü bile göze alan dava yazarlarının bugüne kadar sembolü olmuştur hep.

Analar diyarı Anadolu

Anadolu Rumca gündoğumu, Türkçe «analarla dolu», yani analar diyarı demektir. Anadolu'da analar hayat bağışlayan, koruyan bir güç olarak, daima merkezi bir yer tutmuştur. Konya yakınlarındaki Çatal Hüyük'te bulunan taş devrine

nur den leeren Galgen. Die ungeheuerliche Nachricht dringt bis in den Palast des Statthalters. Die Soldaten des Pascha reiten zu allen vier Stadttoren hinaus, um Pir Sultan zu verfolgen. Sie werden Zeugen, wie er die Brücke über den Kızılırmak passiert. Als die Reiter an den Fluss kommen, befiehlt Pir Sultan: «Brücke, senke dich hinab!» und die Brücke sinkt ins Wasser. Vom anderen Ufer aus sehen die Soldaten, wie er davongeht, als wäre nichts geschehen.

Dies ist die Geschichte des alevitischen Volksdichters Pir Sultan Abdal. Er wurde im Dorf Banaz geboren, das zum heutigen Kreis Yıldızeli in der Provinz Sıvas gehört. Da er in der Provinz Sıvas Aufstände gegen die osmanische Herrschaft anzettelte, wurde er hingerichtet. Man weiß aber nicht genau, wann er gelebt hat.

Pir Sultan Abdal ist der Dichter der des Lesens unkundigen Landbevölkerung. Seine Gedichte sind eine Äußerung gegen die gelehrte Dichtung von Medrese und Derwischklöstern. Er ist der Begründer der Aşık-Dichtung, die auf der mündlichen Tradition des Volkslieds beruht. Ein Aşık ist ein Volkssänger, der seine Gedichte mit der Saz vorträgt. Aşık Nesimi, Aşık Hatayi und Aşık Veysel, der 1973 starb, waren Pir Sultan Abdals bekannteste Nachfolger.

Pir Sultan Abdal, ein Dichter im Kampf gegen das Unrecht und unbeugsam bis zum Ende, ist bis heute der Inbegriff des engagierten politischen Dichters, der für seine Überzeugung sogar den Tod auf sich nimmt.

Anatolien, Land der Mütter

Anadolu bedeutet im Griechischen Sonnenaufgang, im Türkischen heißt es «voll mit Müttern», also Land der Mütter. In Anatolien spielte die Mutter als lebenspendende und lebenerhaltende Kraft schon immer eine zentrale Rolle. Steinzeitliche Frauenstatuetten, die in Çatal Hüyük, einer

ait kadın heykelleri daha MÖ 6000 yıllarında bir anatanrıçaya tapınıldığını göstermektedir. Anadolu'nun büyük anatanrıçası Kibele'dir. O yeryüzü ve bereket tanrıçası, bütün tanrı ve tanrıçaların anasıdır. Orfik anlatıma göre, zamanın oluşumundan önce gök, deniz ve kara birbirinden ayırdedilemezmiş. Birden Kibele'nin doğumunu müjdeleyen, gizemli bir müzik duyulmuş. Gök, deniz ve kara birbirinden ayrılarak, Kibele'yi dünyaya getirmişler. O da, yalnızlığını gidermek için avuçlarını sürüştürünce, büyük yılan Ofiyon'u yaratmış. Onunla sevişirken dağlar, tepeler oluşmuş, göller meydana gelmiş. Kibele'ye ait, böyle daha bir çok efsane vardır. Küçük Asya'da binlerce yıl ona tapınılmış, onun adına orjiyastik, yani cümbüşlü törenler yapılmıştır. Bu törenlere, daima vahşi bir müzik eşlik etmiştir.

MÖ 1000 yıllarında, efsanevi Androklos bir bölük İon savaşçısı ile Efes'e inip oraya yerleşince, yerli halk Lidyalılardan anatanrıça kültünü alıp onu Artemis kültü ile kaynaştırdı. Artemis, Latincesi Diana, miladi tarihe kadar şehrin hakim tanrıçası olarak kaldı ve mevsim ritimleri içinde adına festivaller düzenlendi. Artemis'in doğum günü olan 6 Mayıs'ta, bir erkek şamaroğlanı olarak caddelerde dolaştırılıp taşlanır, sonra da yakılırdı. Büyük Ana Artemis, doğum, ölüm, bereket ve hikmetin tanrıçası idi.

1956 yılında, Efes'te kazılan Artemis heykeli veya Efes Dianası, başlangıçta tapınışın tam merkezinde bulunan bir tahta figürün mermer kopyasıdır. Söylenceye göre, bugün artık elde olmayan bu ağaç figür, gökten düşmüş ve bu Büyük Ana tapınağının yerini belirlemiştir. Güzel Diana'nın, bugün Selçuk Arkeoloji müzesinde

Stadt in der Nähe von Konya, gefunden wurden, zeigen, dass man dort schon um 6000 v. Chr. eine Muttergottheit verehrt hat. Die große anatolische Muttergottheit heißt Kybele. Sie ist die Göttin der Erde und der Fruchtbarkeit, die Mutter aller Götter und Göttinnen. Nach der orphischen Sage waren vor dem Anfang der Zeit Himmel, Meer und Land nicht voneinander zu unterscheiden. Da erklang eine geheimnisvolle Musik, die die Geburt der Kybele ankündigte. Himmel, Meer und Land trennten sich und brachten Kybele hervor. Um sich die Einsamkeit zu vertreiben, rieb Kybele die Handflächen aneinander und schuf die große Schlange Ophion. Sie liebkoste sie, und auf diese Weise entstanden die Berge, die Hügel und die Seen. Es gibt viele Legenden dieser Art über Kybele. In Kleinasien wurde sie jahrtausendelang verehrt, in ihrem Namen wurden orgiastische Feste gefeiert. Diese Feierlichkeiten waren von ausgelassener Musik begleitet.

Als um 1000 v. Chr. der sagenhafte Androklos mit einer Schar ionischer Krieger in Ephesos an Land ging und sich dort niederließ, übernahm er von den lydischen Ureinwohnern den Kult der Muttergöttin und verschmolz ihn mit dem Artemiskult. Bis in die christliche Zeit hinein blieb Artemis – lateinisch Diana – die stadtbeherrschende Göttin, deren Fest im Rhythmus der Jahreszeiten gefeiert wurde. Am 6. Mai, dem Geburtstag der Artemis, wurde ein Mann als Sündenbock durch die Straßen geführt, gesteinigt und verbrannt. Die Große Mutter Artemis war Geburts- und Todesgöttin, Göttin der Fruchtbarkeit und Göttin der Weisheit.

Die 1956 in Ephesos ausgegrabene Artemisstatue, die Diana von Ephesos, ist die Marmornachbildung einer Holzfigur, die ursprünglich im Zentrum der Verehrung stand. Der Legende nach fiel diese – heute nicht mehr erhaltene – Holzfigur vom Himmel und bestimmte so den Platz für das Heiligtum der Großen Mutter. Die berühmte Statue der Diana aus weißem Marmor, die sich heute im Archäo-

bulunan, meşhur ak mermerden heykeli, vücuduna sarılmış dar giysinin üzerinde burçlar, arslan, boğa, arı ve sfenksler taşır. Göğsünde ise, kısa bir süre önce boğa hayası tasviri olarak çözülen, yumurta biçiminde kabartmalar bulunmaktadır. Bu gayet anlaşılır bir şey, çünkü boğa Önasya dinlerinde eril bereket sembolü olarak büyük bir öneme sahipti.

Efes Artemis'i tapınağı eski çağlarda, Yakındoğu ve Akdeniz'den gelen sayısız insanın Kabesi olmuştur. Zenginliği dillere destan Lidya kralı Kroisos MÖ 6. yüzyılda tapınağı, heybetli bir biçimde yeniden yaptırdı. Tapınağın bulunduğu alan, kutsal sayıldığı için buraya sığınan hiç bir mülteci hakkında, kovuşturma yapılamazdı.

logischen Museum von Selçuk befindet, trägt auf ihrem eng um den Körper geschlungenen Kleid Tierkreiszeichen, Löwen, Stiere, Bienen und Sphingen. Auf ihrer Brust befinden sich eierförmige Gebilde, die erst vor wenigen Jahren als Darstellung von Stierhoden entziffert wurden. Das ist gut möglich, denn der Stier spielte in den vorderasiatischen Religionen als männliches Fruchtbarkeitssymbol eine große Rolle.

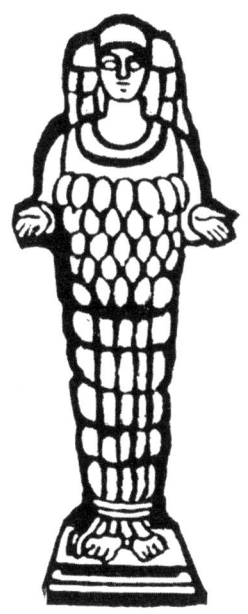

Das Heiligtum der Artemis von Ephesos zog im Altertum zahllose Pilger aus allen Teilen des Vorderen Orients und des Mittelmeerraums an. Der sagenhaft reiche lydische König Kroisos ließ im 6. Jahrhundert v. Chr. den Tempel prachtvoll ausgestalten. Der Tempelbereich, in dem keine Strafverfolgung möglich war, galt als heilig und war deshalb Schutzraum für Flüchtlinge und Asylsuchende.

Roma çağında Artemis, merhamet ve şefkatin, baskılardan korunmanın Büyük Anası olarak önem kazandı.

Bu yardım ve kurtuluş umudu, havari Paulus'un MS 57 yıllarında, Efes'te vaaz verdiği sırada da çok güçlüydü. Şehir, o zaman hala canlı bir hac ve turizm anakentiydi. Artemis'e tapınışı, dinsizlik olarak gösteren Paulus, Hıristiyan öğretinin vaatleri üzerine konuşmalar yapıyor ve Efes'te çok taraftar topluyordu. Fakat bu, Artemis papazlarını, gümüşten yaptıkları Artemis heykelleri ve tapınak benzeşlerinden çok iyi kazanan hatıra satıcılarını ayaklandırdı. Bunlardan kuyumcu Demetrios, yanında çalıştırdığı ustalarla tiyatroya yürüyerek Paulus'u protesto etti. İnsan eliyle yapılan tanrıların tanrı olamayacağı iddiasını yürüten Paulus'un, halkı kışkırttığını söyledi. Böylece sadece gümüş sanatları sanayiinin değil, aynı zamanda Tanrıça Artemis'in, Diana'nın da itibarını bozduğunu anlattı. Bunun üzerine tüm şehirde isyanlar başladı, birçok insan «Efes Artemis'i büyüktür» çağrısıyla sokaklara döküldü. Ama Paulus amacına ulaştı. Binlerce yıllık Büyük Ana kültü, sallanmaya başladı. Hıristiyanlığın yayılması ile, Efes'teki Artemis kültü giderek silindi ve tapınak MS 3. yüzyılda tamamen yıkıldı.

Ancak, bu eski kült kendinden sonra gelen yeni dinleri etkiledi. Efes'te yeni Hıristiyan olanlar, eski inançlardan tam vazgeçmiş değillerdi. 431 yılında, Efes'te toplanan Kilise erkanı, Meryemana'yı resmen tanrı anası ilan etti.

Kibele putu Mekke'ye götürülüp Kabe'ye kondu. Kabe yönüne kıble denilmesi, buradan gelir.

In römischer Zeit überwog die Bedeutung der Artemis als Große Mutter der Barmherzigkeit, die Schutz vor Unterdrückung gewährte.

Diese Hoffnung auf Hilfe und Erlösung war sehr lebendig, als der Apostel Paulus um 57 n. Chr. in Ephesos predigte. Noch immer war die Stadt eine Pilger- und Touristenmetropole. Paulus, der die Anbetung der Artemis als heidnisch verurteilte, verkündete die Botschaft von der Erlösung durch Jesus Christus und fand damit auch in Ephesos viele Anhänger. Das aber brachte die Artemispriester und die Andenkenhändler auf, die mit ihren aus Silber gefertigten Artemisstatuen und Tempelnachbildungen ein blendendes Geschäft machten. Demetrios, ein Großunternehmer in diesem Gewerbe, zog mit Kunsthandwerkern, die bei ihm beschäftigt waren, ins Theater und protestierte gegen Paulus. Dieser habe mit seiner Behauptung, die von Hand gemachten Götter seien gar keine Götter, die Leute aufgehetzt. Er habe damit nicht nur das Gewerbe der Silberschmiede, sondern auch die Göttin Artemis, die Diana, in Verruf gebracht. Daraufhin kam es in der ganzen Stadt zum Aufruhr, viele zogen mit dem Ruf «Groß ist die Artemis von Ephesos» durch die Straßen. Doch Paulus hatte erreicht, was er wollte. Der jahrtausendealte Kult der Großen Mutter geriet ins Wanken. Mit der Ausbreitung des Christentums erlosch allmählich der Artemiskult in Ephesos; das Artemision wurde im dritten Jahrhundert n. Chr. endgültig zerstört.

Doch der alte Kult blieb nicht ohne Einfluss auf die neu entstehenden Religionen. Diejenigen, die in sich Ephesos zum Christentum bekehrten, schworen dem alten Glauben nicht vollständig ab. Die Kirchenmänner, die sich im Jahr 431 zum Konzil in Ephesos versammelten, erklärten Maria offiziell zur Mutter Gottes.

Die Statue der Kybele wurde nach Mekka gebracht und in der Kaaba aufgestellt. Die Bezeichnung für die Richtung der Kaaba, Kıble, leitet sich von Kybele ab.

Efes'e bugün, tüm dünyadan her yıl binlerce turist akın etmektedir. Efes'in yanında bir yer daha vardır ki, burası Hıristiyan ve Müslümanlar için çok önemli bir ziyaret yeridir. Hıristiyan rivayete göre, Meryemana'nın mezarı buradadır. Söylenceye göre, bakire Meryem, Aziz Yuhanna ile Efes'e gelir ve orada da ölür. Böylece eski Artemis mabedinin yerini, büyük tanrısal ana figürü olarak Meryemana aldı. Güzel Artemis'in eskiden alnında taşıdığı hilal üzerinde, o yükseldi.

Bir semt değişiyor

Trafiğe kapalı geniş caddesi, sinemaları, kitapçıları, café ve meyhaneleriyle Beyoğlu İstanbul'un eğlence ve kültürel yaşamının merkezidir. Bizanslılar buraya «karşı yaka» anlamında Pera, Türkler ise Kanuni Süleyman döneminden itibaren Beyoğlu adını vermişler.

Konstantinopolis fethedildiği zaman bağlık bahçelikti Pera. Sonraları beylerin sayfiye yeri oldu. Şehirde başgösteren salgın hastalıklardan kaçıp kurtulmak ve dinlenmek için burayı mesken tuttular. Bundan böyle Taksim'den Galata'ya kadar uzanan bu bölgeye – bey ve paşa oğullarının oturduğu yer anlamında – Beyoğlu dendi. 18. yüzyılda Osmanlı'nın yavaş yavaş Batı'ya açılmasıyla birlikte Avrupalılar buraya sefaret binalarını inşa ettiler. Avrupalı tüccarlar, gezginler, sanatçılar ve İstanbul'un zengin Hıristiyan sakinleri Beyoğlu'na yerleşti. Yabancı dil okulları açıldı, günümüzde kullanılan kilise binaları yapıldı: Ermeni kilisesi Üç Horan, Rum-Ortodoks kiliseleri Aya Triada

Tausende von Touristen aus aller Welt strömen heute Jahr für Jahr nach Ephesos. Christen und Muslime pilgern aber noch zu einer anderen Stätte in der Nähe von Ephesos. Nach christlicher Überlieferung befindet sich hier das Grab der Mutter Maria. Die Legende erzählt, dass die Jungfrau Maria mit dem Apostel Johannes nach Ephesos zog und dort starb. So wurde an der Stelle des alten Artemis-Heiligtums die jungfräuliche Gottesmutter Maria als letzte große göttliche Muttergestalt etabliert. Sie erhebt sich über der Mondsichel, die vormals die Artemis, die Diana von Ephesos, auf ihrer Stirn getragen hat.

Ein Stadtteil verändert sich

Beyoğlu mit seiner breiten Fußgängerzone, seinen Kinos, Buchhandlungen, Cafés und Kneipen ist das Zentrum des Vergnügens und des kulturellen Lebens von Istanbul. Die Byzantiner nannten diesen Ort Pera, was soviel heißt wie «drüben», die Türken gaben dem Viertel in der Epoche Sultan Süleymans des Prächtigen den Namen Beyoğlu.

Pera war zur Zeit der Eroberung Konstantinopels ein ländliches Gebiet mit Weinbergen und Gärten. Später ließen hier die Beys, die Reichen und Vornehmen, ihre Sommerhäuser bauen. Hierher zogen sie sich zurück, um den Seuchen in der Stadt zu entgehen und sich zu erholen. Nun nannte man dieses Gebiet, das sich von Taksim bis Galata erstreckte, Beyoğlu – Ort der Söhne von Beys und Paschas. Im 18. Jahrhundert, mit der allmählichen Öffnung des Osmanischen Reiches nach Westen, errichteten die Europäer hier ihre Gesandtschaften. Europäische Händler, Reisende, Künstler und die reichen christlichen Bewohner Istanbuls siedelten sich hier an. Sprachschulen wurden eröffnet und Kirchen erbaut, die bis heute genutzt werden: die armenische Kirche Üç Horan, die griechisch-orthodoxen Kirchen

ve Paniya Eisodion, Fransisken kiliseleri Santa
Maria Draperis, Sen Antuan ve daha birçokları.
Beyoğlu tüm milletten insanların buluştuğu
bir mekan oldu. Gerçek bir Babil Kulesi'ne ben-
zedi: Türkçe, Rumca, Farsça, Flemenkçe, Ladino,
Fransızca, Rusça, Ulahça, İngilizce, İtalyanca,
Almanca, Macarca, Ermenice, Arnavutça, Lehçe
dilleri birbirine karıştı. Lüks bir yaşam tarzı ge-
lişti. Eğlence yerleri, Avrupa usulü kahvehaneler,
tiyatrolar, kulüpler açıldı. Pera halk dilinde Frenk
mahallesi olarak anılmaya başlandı. 19. yüzyılda
Türk yazarları ve aydınları için Batı'ya açılan pen-
cere oldu. Batılılaşmayı savunan Yeni Osmanlılar;
batı siyasi düşüncelerini burada tanıdılar. Fransız
İhtilali'nin getirdiği özgürlükçü düşünceler bura-
daki Café Luxembourg, Jardin de Fleurs ve Arşak
kahvelerinde tartışıldı.

1831 ve 1871 yılındaki büyük yangınlarda çok
hasar gördü Beyoğlu. Taksim Meydanı'ndan Tü-
nel'e kadar uzanan Cadde-i Kebir ya da Grande
Rue de Péra, bugünkü adıyla İstiklal Caddesi bo-
yunca, bu yangınlardan sonra yeni konaklar bina
edildi. Belle-Epoque mimari tarzında inşa edilen
bu konaklar semte bir Avrupa kent atmosferi görü-
nümü kazandırdılar. 1892 yılına ait görkemli Pera
Palas otelinde, Şark ekspresi yolcuları konakladı-
lar. Agatha Christie «Şark Ekspresi'nde Cinayet»
adlı ünlü polisiye romanını burada yazdı.

Ankara'nın 1923 yılında başkent ilan edilmesiy-
le İstanbul siyasi önemini yitirdi. Ama Beyoğlu
kozmopolit yapısını korudu. Rumlar, Ermeniler,
Yahudiler zaten buranın yerlisiydiler, Bunlara 19.
ve 20. yüzyılın başında ülkelerindeki siyasi çal-
kantılardan kaçan Macarlar, Polonyalılar, Beyaz
Ruslar katıldılar. Polonyalılar İstanbul dışında,

Aya Triada und Paniya Eisodion, die Franziskanerkirchen St. Maria Draperis und St. Antonius und viele andere.

Beyoğlu wurde ein Treffpunkt für Menschen aller Nationalitäten. In einem wahrhaft babylonischen Sprachengewirr vermischten sich Türkisch, Griechisch, Persisch, Flämisch, Ladino, Französisch, Russisch, Rumänisch, Englisch, Italienisch, Deutsch, Ungarisch, Armenisch, Albanisch, Polnisch. Ein luxuriöser Lebensstil entwickelte sich. Vergnügungslokale, Kaffeehäuser nach europäischem Geschmack, Theater und Klubs wurden gegründet. Im Volksmund erhielt der Stadtteil den Beinamen europäisches Viertel. Im 19. Jahrhundert wurde Beyoğlu für türkische Schriftsteller und Intellektuelle das Fenster zum Westen. Die Neuosmanen, die die Europäisierung befürworteten, lernten hier die westlichen politischen Ideen kennen. Die Cafés Luxembourg, Jardin de Fleurs und Arşak waren die Orte, wo man die Freiheitsgedanken der Französischen Revolution diskutierte.

Bei den Bränden in den Jahren 1831 und 1871 erlitt Beyoğlu großen Schaden. Entlang der Cadde-i Kebir oder Grande Rue de Péra, der heutigen Istiklal Caddesi oder Straße der Unabhängigkeit, die vom Taksim-Platz zum Tünel führt, entstanden nach den Bränden neue Paläste. Sie sind im Belle-Epoque-Stil erbaut und geben dem Viertel das Flair einer europäischen Stadt. Im prunkvollen Hotel Pera Palas von 1892 übernachteten die Reisenden des Orient-Express. Hier schrieb Agatha Christie ihren berühmten Kriminalroman «Mord im Orient-Express.»

Nachdem Ankara 1923 zur Hauptstadt der Türkischen Republik erklärt worden war, verlor Istanbul seine politische Bedeutung. Beyoğlu jedoch erhielt sich seinen kosmopolitischen Charakter. Griechen, Armenier und Juden waren sowieso Einheimische. Hinzu kamen im 19. und Anfang des 20. Jahrhunderts Ungarn, Polen und Weißrussen, die vor den Unruhen in ihrer Heimat hierher flüchteten.

bugün de mevcut olan Polonezköy'de bir koloni kurdular. İstanbul'da yaşayan Hıristiyan ahalinin et ihtiyacını karşılamak için burada domuz beslediler. 1955'te Rumlara ait dükkkanların yağmalanması ile sonuçlanan taşkınlıklar onların birçoğunun İstanbul'u terketmesine neden oldu.

Son yıllarda eski Beyoğlu yeniden keşfedilmeye başlandı, bir nostalji dalgası bu semte yeni bir gelişme ve canlılık getirdi. «Beyoğlu'nu Güzelleştirme» belgisiyle İstiklal Caddesi yeniden düzenlendi, Tünel-Taksim arası çalışan eski tramvay tekrar hizmete sokuldu ve cadde trafiğe kapatıldı. Yavaş yavaş kuşkulu gece kulüpleri de buradan çekilmekte ve genç sanatçılar, öğrenciler, bohemler buraya taşınmaktalar.

Akşamları Nevizade Sokak'taki meyhaneler ve Çiçek Pasajı tıklım tıklım dolar. Sokak çalgıcılarının eşliğinde gecenin geç saatlerine kadar oturulur çilingir sofralı rakı masalarının başında ve zor gelir ilerleyen geceye rağmen Beyoğlu'nu terketmek.

Die Polen gründeten außerhalb von Istanbul eine Kolonie, das heute noch existierende Polonezköy. Dort züchteten sie für die christlichen Bewohner Istanbuls die Schweine. Nach den Ausschreitungen im Jahr 1955, bei denen griechische Geschäfte und Häuser geplündert wurden, verließen viele Griechen Istanbul.

In den letzten Jahren ist das alte Beyoğlu neu entdeckt worden, eine Welle der Nostalgie verschafft dem Viertel neues Leben. Unter dem Motto «Beyoglu soll schöner werden» wurde die Istiklal Caddesi neugestaltet, die alte Trambahn zwischen Tünel und Taksim wieder in Betrieb genommen und die Hauptstraße für den Verkehr gesperrt. Allmählich räumen auch die zwielichtigen Nachtclubs das Feld, und junge Künstler, Studenten und Bohemiens ziehen hierher.

Abends füllen sich die Straßenkneipen in der Nevizade Sokak und die Çiçek Pasajı. Begleitet von Straßenmusikanten sitzt man bis weit nach Mitternacht um die reichgedeckten Rakıtische und steht nur ungern auf, um den Heimweg anzutreten.

Bir Avrupalı Şarklı

«Esrar!
Tevekkül!
Kısmet!
Kafes, han, kervan, şadırvan!
Gümüş tepsilerde rakseden sultan
Mihrace, padişah,
bin bir yaşında bir şah:
Minarelerden sallanıyor sedef nalınlar,
burunları kınalı kadınlar
ayaklarıyla gergef dokuyor,
rüzgarlarda yeşil sakallı imamlar ezan okuyor.»
İşte firenk şairinin gördüğü Şark!
İşte
dakikada bir milyon basılan
kitapların Şark'ı!
Lakin ne dün,
ne bugün,
ne yarın,
böyle bir Şark
yoktu,
olmıyacak!

Nazım Hikmet, «Şark-Garp. Esir şarklının kurtuluş gününe» adlı bu şiirinde, batılı yazarların Şark'ı egzotik gösterme analayışını gayet sert bir şekilde yeriyor. Hikmet şiirini 19. yüzyıl Avrupalı Şark tutkunlarının başını çeken Fransız yazar Piyer Loti'ye adıyor.

İstanbul-Eyüp semti şarki özelliğini Muhammed peygamberin sancaktarı Eyüp'ün türbesi ve yine onun adını taşıyan camiye borçludur. Her gün binlerce insan Türkiye'nin hemen her köşesinden buraya hacca gelir. Fransız şairi Piyer Loti'nin hızla

Ein europäischer Orientale

«Haschisch!
Fatalismus!
Kismet!
Gitterwerk, Herberge, Karawane, Zisterne!
Eine auf silbernen Tabletts tanzende Sultanin,
Maharadscha, Padischah,
ein tausendjähriger Schah.
An den Minaretten hängen Pantinen aus Perlmutt,
Frauen mit rotem Henna auf den Nasen
sticken Tücher mit ihren Füßen.
In alle Winde rufen Imame mit grünen Bärten zum Gebet!»
Das ist der Orient, den der Frankenpoet gesehen hat.
Das
ist der Orient der Bücher,
die millionenfach jede Minute gedruckt werden.
Weder gestern
noch heute
noch morgen:
nie gab es,
nie gibt es
einen solchen Orient.

Nazım Hikmet kritisiert in seinem Gedicht «Orient-Okzident. Für die Befreiung des versklavten Morgenlandes» die exotische Darstellung des Ostens durch westliche Autoren. Hikmet wendet sich insbesondere gegen den französischen Schriftsteller Pierre Loti, der im 19. Jahrhundert ein Hauptvertreter der europäischen Orientbegeisterung war.

Das Istanbuler Stadtviertel Eyüp verdankt seinen orientalischen Charakter dem Grab Eyüps, des Bannerträgers des Propheten Mohammed, und der Moschee, die seinen Namen trägt. Dorthin pilgern täglich Tausende von frommen Muslimen aus der ganzen Türkei. Nicht ohne Grund war Eyüp

avrupalılaşan İstanbul'da Eyüp'e sığınması boşuna değildir. Eyüp tepesindeki kahve onun adını taşır. İçerdeki kitaplar, fotoğraflar ve özel eşyalar onun buradaki ikametini ansıtır. Piyer Loti egzotik Şark düşlerini burada kurmuş, evli sevgilisi Aziyade ile gizlice burada buluşmuştur. Seyahatlerinde yaşadığı melankolik ve ihtiraslı aşk serüvenlerini burada kaleme almıştır.

Asıl adı Julien Viaud'ydu Piyer Loti'nin. Bir Hügno ailenin çocuğu olarak 1850'de Rochefort-sur-Mer'de dünyaya geldi. Babası gemide askeri doktordu. Oğlunun da denizci olarak mesleğe atılması elbette ilk akla gelecek şeydi. On yedi yaşında deniz harp okuluna başladı ve bu sayede tüm dünyayı dolaştı. Güney okyanusu seferinin ardından «Rarahu» adlı romanını yazdı, romanın daha sonraki baskıları «Loti'nin Düğünü» başlığıyla yayımlandı. Loti, Fas ve Romanya, Filistin ve İran, Afganistan ve Hindistan'ı gezdi, 1900'de Çin'deki Bokserler İsyanı'nın bastırılmasına katıldı ve başından geçen olaylar «Pekin'-in Son Günleri» adlı kitabına konu oldu. Daha sonra buradan Kamboçya'ya geçti – «Angkor'a Hac Seferi» adlı eseri bu geziden oluştu.

En çok ama İstanbul'u sevdi Loti. İlkönce o dönemin tüm Avrupalıları gibi Pera'da, yani bugünkü Beyoğlu'nda oturdu. Sonra Şark'ı bulduğu Eyüp'te bir yer aradı kendisine. Avrupalıları pek sevmedi Piyer Loti. Onları haline acınacak, zavallı varlıklar olarak gördü ve asıl yeniliğin Şark'tan doğacağını umdu. Şark'ı egzotik, şehvetli, mistik ve gizemsel bir biçimde anlatarak çağdaşlarının özlemlerine cevap verdi. Çok tutulan kitaplarında, soğuk ve ruhsuz bulduğu çağının karşısına romantik bir karşı dünya çizdi.

der Lieblingsort des französischen Dichters Pierre Loti, der die Europäisierung der Stadt mit Bedauern verfolgte. Das Café auf dem Hügel über Eyüp trägt seinen Namen. Bücher, Fotografien und persönliche Gegenstände erinnern an Lotis Aufenthalte. Hier träumte Loti von einem exotischen Orient, hier traf er sich heimlich mit seiner Geliebten, der verheirateten Aziyade. Hier schrieb er die melancholischen und leidenschaftlichen Liebesabenteuer nieder, die er auf seinen Reisen erlebt hatte.

Pierre Loti hieß eigentlich Julien Viaud. Er wurde 1850 als Abkömmling einer hugenottischen Familie in Rochefort-sur-Mer geboren. Sein Vater war Schiffsarzt. Was lag näher für den Sohn als die Laufbahn als Seemann? Mit siebzehn begann er eine Ausbildung zum Marineoffizier, von da an bereiste er die ganze Welt. Nach einer Südseefahrt entstand der Roman «Rarahu», deren spätere Auflagen den Titel «Lotis Hochzeit» erhielten. Loti reiste durch Marokko und Rumänien, Palästina und Persien, Afghanistan und Indien. Er nahm an der Niederschlagung des Boxeraufstands in China im Jahr 1900 teil und schrieb über seine Erlebnisse das Buch «Die letzten Tage von Peking». Dann fuhr er nach Kambodscha – aus dieser Reise entstand sein Werk «Eine Pilgerfahrt nach Angkor».

Pierre Lotis Lieblingsstadt jedoch war Istanbul. Zunächst hatte er sich, wie alle Europäer jener Zeit, im Stadtviertel Pera, dem heutigen Beyoğlu, niedergelassen. Aber dann suchte er sich ein Haus in Eyüp, wo er «seinen» Orient fand. Pierre Loti mochte die Europäer nicht besonders. Er betrachtete sie als verkümmerte, armselige Geschöpfe und erhoffte sich vom Orient eine grundlegende Erneuerung. Mit seiner Verklärung des Orients als des Exotischen, Schwülen, Mystischen und Geheimnisvollen kam er den Sehnsüchten seiner Zeitgenossen entgegen. Seine vielgelesenen Bücher boten eine romantische Gegenwelt zu der als kalt und herzlos empfundenen eigenen Epoche.

1913 Balkan Harbi'nde Türkleri destekledi.
Fransa Elçisi olarak İstanbul'a geldi ve Sultan
Abdülmecid tarafından törenle karşılandı. Cumhuriyet döneminde Atatürk'le mektuplaştı.
Académie française'in yüksek ödüllü üyesi Loti
1923'te öldü. Rochefort'daki evini mihrap ve
Osmanlı türbeleri ile şark usulü süslemişti.
Rochefort kasabası karşısındaki Oleron adasına
gömüldü.

1917'de Türkçe ders

Türkçe öğrenme isteği, Türkiye'nin bir turizm
ülkesi olarak keşfedilmesiyle tecelli etti. Bugün
Almanya'da yaklaşık elli bin kişinin Türkçe
öğrendiği tahmin ediliyor. Ancak yüzyılın başında bu henüz garip karşılanıyordu. «Lustige Blätter» adlı dergide 1917 yılında şöyle bir anekdot
yayımlanıyordu:

Müller Türkçe öğreniyor. Berlin'de Türkçe
dersler veren maharetli Osmanlı Beyler ve
Türkçe dersler alan cesur Alman erkekleri var;
bütün bunlar gayet mümkün.

Bir kaç gün önce, bir Osmanlı'dan Türkçe ders
alan böyle bir Berlinli ile konuştum.

«Nasıl gidiyor, Bay Müller, büyük bir ilerleme
kaydediyor musunuz?» diye sordum.

«Ah, sormayın» dedi. Türkçe öğretmenim
Almanca konuştuğu zaman onu nispeten anlıyorum; ama benimle Türkçe konuşmaya gelince,
bunu henüz tam beceremiyor.»

Im Balkankrieg 1913 stand Loti auf der Seite der Türken. Er kam als französischer Botschafter nach Istanbul und wurde von Sultan Abdülmecid feierlich empfangen. Nach der Gründung der Republik begann Loti einen Briefwechsel mit Atatürk. Pierre Loti starb 1923 als hochdekoriertes Mitglied der Académie française. Sein Haus in Rochefort hatte er im orientalischen Stil eingerichtet, mit einer Gebetsnische und osmanischen Mausoleen. Auf der Insel Oléron gegenüber von Rochefort wurde er begraben.

Türkischlernen im Jahr 1917

Türkischlernen ist in Mode gekommen, seit die Türkei als Reiseland entdeckt wurde. Man schätzt, dass heute in Deutschland etwa fünfzigtausend Menschen die türkische Sprache lernen. Doch zu Anfang des Jahrhunderts wurde dies noch als eine Kuriosität betrachtet. Die folgende Anekdote erschien im Jahr 1917 in der Zeitschrift «Lustige Blätter»:

Müller lernt Türkisch. Es gibt in Berlin tüchtige osmanische Herren, die türkischen Unterricht geben, und wackere deutsche Männer, die Türkischstunden nehmen; das gibt es alles.

Kürzlich sprach ich mit so einem Berliner, der angefangen hat, bei einem Osmanen Türkisch zu lernen.

«Na, Herr Müller», frage ich, «haben Sie schon große Fortschritte gemacht?»

«Ach», meinte er, «wissen Sie, wenn mein türkischer Lehrer Deutsch mit mir spricht, dann versteh ich ihn ja schon einigermaßen; bloß wenn er sich mir auf Türkisch verständlich machen will – das kann er noch nicht.»

Türklerin kökeni

Sular çekilip Nuh'un gemisi Ağrı dağına oturduktan sonra, Nuh'un oğullarından Yafes orta Asya'ya yerleşti. İdil (Volga) ve Yayık ırmakları kenarını kendine yurt edindi. Yadah taşı ile yağmur yağdıran Yafes'in sekiz oğlu oldu. En büyük oğlunun adı Türk'tü; Türk, Tanrı dağları eteğindeki Isıkgöl kenarını kendine mesken seçti. İşte söylenceye göre Yafes'in oğlu Türk, Türklerin atasıdır. Tarihte Türkler ilk kez Altay dağlarında ortaya çıkmışlardır. 11. yüzyılda Türk yurtlarını dolaşan ve ilk Türkçe sözlüğü yazan Kaşgarlı Mahmut, Türklerin yirmi kabile olduğunu not eder: Peçenek, Kıpçak, Oğuz, Kimek, Başkurt, Basmıl, Kay, Yabaku, Tatar, Kırgız. Bunlar göçebe olarak yaşarlar. Diğer on kabile, Çiğil, Tuhsi, Yağma, İğrak, Çaruk, Cumul, Uygur, Tangut, Kıtay, Sin ve Masin, yarı göçebedir.

Die Herkunft der Türken

Als sich die Wasser der Sintflut verliefen und Noah mit der
Arche auf dem Berg Ararat landete, zog Yafes, einer seiner
Söhne, nach Mittelasien. Bei den Flüssen Idil (Wolga) und
Yayık errichtete er sein Yurt, seine Heimat. Yafes besaß
den Stein Yadah, mit dem er es regnen lassen konnte, und
er hatte acht Söhne. Der älteste hieß Türk; er siedelte sich
an den Ufern des Sees Issyk am Rande des Tienschangebir-
ges an. Der Legende zufolge ist dieser Türk aus dem Stamm
des Yafes der Urahn der Türken. In der Geschichte tauchen
die Türken zum ersten Mal im Altaigebirge auf. Der Verfas-
ser des ersten türkischen Wörterbuchs, Kaşgarli Mahmut,
der im 11. Jahrhundert die Gebiete der Turkvölker bereiste,
zählt zwanzig türkische Stämme. Zehn von ihnen – Pet-
schenegen, Kuptschaken, Ogusen, Kimeken, Baschkiren,
Basmilen, Kay, Yabaken, Tataren, Kirgisen –, so schreibt
er, seien Nomaden. Die anderen zehn, Tschigilen, Tuhsi,
Yagma, Igrak, Tscharuken, Dschumulen, Uiguren, Tangu-
ten, Kitai, Sin und Masin, seien Halbnomaden.

Türkler hakkında ilk bilgiyi Çinli tarihçiler verir. Çin'in kuzey sınırı yakınlarında, bağımsız boylar halinde yaşayan Hiun-nu adlı, at sırtında dolaşan, gizemli bir halktan bahsederler. Hiunnu'lar tarihte daha çok Hunlar olarak tanınırlar. Onların akınları yüzündendir ki, Çin hükümdarı MÖ 214 yılında Çin Seddi'ni yaptırdı. Böylece at sırtında gezen göçebe halkların Çin'in verimli ovalarına girmesi engellenince, onlar de Batı'ya yöneldi. İdil nehri üzerinden Tuna'ya kadar geldiler ve daha sonra Attila öncülüğünde Roma kapılarına dayandılar.

Bir başka Hun boyu Asena, Altay dağlarında Juan-Juan'ların, yani Avarlar'ın yönetimi altına girdi. MS 6. yüzyılın ortalarında ise Avarlardan bağımsız bir devlet kurup göçebe Türk boylarını biraraya getirdiler. Kendilerine en büyük tanrıları Gök Tanrı'dan hareketle Göktürk adını verdiler. Hakimiyetlerini Mançurya'dan Karadeniz'e kadar genişletip ipek yolunun denetimini ellerine geçirdiler. Göktürkler kahramanlıklarını 720, 732 ve 735 yıllarında diktikleri taşlara kazıdılar. Orhun ırmağı kenarında bulunan, otuz altı harfli runik alfabesi ile yazılmış Orhun kitabeleri, Türk yazı dilinin en eski örnekleridir. Türk adı ilk kez, burada geçer. Üç metre boyundaki bu kitabelerden birinde Kağan, Çinlilerin «tatlı sözüne, yumuşak ipek kumaşına» aldanmaması için, Göktürkleri uyarır. Zira Çinliler, komşu halkları kendi yaşam tarzlarını kabullenmeye zorlamışlardır.

Bir Göktürk efsanesine göre Türkler tanrısal kökenli dişi bir geyik veya kurttan türemişlerdir. Göktürkler, suyu, havayı ve ateşi ulu sayıyorlardı. Kurt (böri) onlar için kutsal bir hayvandı. Bundan ötürü, onu böcekler için kullandıkları kurt adıyla

Erwähnt werden die Türken zum ersten Mal bei chinesischen Geschichtsschreibern. Dort ist die Rede von einem geheimnisvollen Reitervolk, den Hiun-nu, das in unabhängigen Stammesverbänden nahe der nördlichen Grenze Chinas lebte. Die Hiun-nu sind in der Geschichte besser bekannt unter dem Namen Hunnen. Von ihnen gingen die Unruhen aus, die im Jahr 214 v. Chr. den chinesischen Kaiser veranlassten, die Große Mauer zu bauen. Da nun den nomadisierenden Reitervölkern der Zugang zu den fruchtbaren Ebenen Chinas versperrt war, wandten sie sich nach Westen. Sie gelangten über die Wolga an die Donau und dann unter ihrem Führer Attila bis vor die Tore Roms.

Ein anderer Hunnenstamm, die Asena, begab sich unter die Herrschaft der Juan-Juan, der Awaren, im Altaigebirge. In der Mitte des 6. Jahrhunderts n. Chr. wurden sie von den Awaren unabhängig, gründeten ein eigenes Reich und einten die türkischen Nomadenstämme. Nach ihrer Himmelsgottheit nannten sie sich Göktürken. Ihr Herrschaftsgebiet erstreckte sich von der Mandschurei bis zum Schwarzen Meer, und sie brachten auch die Seidenstraße unter ihre Kontrolle. Die Göktürken meißelten in den Jahren 720, 732 und 735 ihre Heldentaten in Stein. Diese nach ihrem Fundort am Fluss Orhon benannten Orhon-Inschriften – in einer Runenschrift mit 36 Buchstaben – gelten als das älteste Zeugnis des Türkischen. Der Name Türk taucht hier zum erstenmal auf. Auf einem dieser jeweils drei Meter hohen Steine ermahnt der Khan oder Fürst die Göktürken, sich von «den schmeichlerischen Worten und weichen Seidenstoffen» der Chinesen nicht betören zu lassen. Die Chinesen versuchten nämlich, ihre Nachbarvölker zur Annahme chinesischer Lebensart zu bewegen.

Nach einer göktürkischen Legende stammen die Türken von einer göttlichen Hirschkuh oder auch einem Wolf ab. Die Göktürken verehrten Wasser, Luft und Feuer als heilig. Ihr heiliges Tier war der Wolf (böri). Sie umschrieben ihn

çağırdılar, zira şamanist inanışa göre, güçlü varlıkların adları söylenemezdi. Yine Orhun nehri ve onun kaynaklandığı Ötüken dağı da, Göktürkler için kutsal bir yerdi. Ötüken kelimesi bugün dahi, Moğollarda «yer ilahesi» anlamında yaşamaktadır.

Türk boyları göçebe topluluklardan ibaretti, suya ve çayıra bağımlıydılar. Göçebe ve akıncı yaşayış tarzı, onlara büyük zarar ve acılara mal olduğu için, Bilge Kağan kendi Türk boylarını yerleşik düzene geçirmeyi düşündü: «Oradan oraya göçtün, her gittiğin yerde bittin, mahvoldun. Kanın su gibi aktı, kemiklerin dağlar gibi yığıldı. Eğer Ötüken'de oturup kervanlarla uğraşırsan, hiç bir sıkıntın olmaz.» Bilge Kağan, Çinlilerin inancını almayı ve şehirler kurmayı planlıyordu. Ancak veziri Tonyukuk, bu plana karşı çıktı: «Şehirler ve Çin dini insanı yumuşatır, savaş gücünü yok eder» dedi. Bazı Türk boyları yerleşip kalırken, ötekiler de göçebeliği yeğleyip batıya doğru göçtüler.

Türk boyları göçleri boyunca, Asya'da mevcut Zerdüşt öğretisi, Budizm ve Hıristiyanlık gibi çeşitli dinlerle karşılaştılar. Hazarlar 8. yüzyılda topyekün Yahudi dinini kabul ettiler. Oğuz boyları 10. yüzyıldan itibaren İslam'ı benimsedi. Türk halklar arasında bugün, Müslüman Türklerin yanında şamanist gelenekleri sürdüren gruplar, Budist, Yahudi ve Hıristiyan Türkler vardır.

Türk dili, Ural-Altay dilleri grubuna girer. Moğolca, Korece, Japonca, Fince ve Macarca ile uzaktan akrabadır. Bugün Balkanlar'dan Çin'e kadar, 200 milyon insan Türkçe konuşmaktadır.

mit dem Namen Wurm (kurt); denn der Name des mächtigsten Wesens durfte schamanistischen Vorstellungen zufolge nicht ausgesprochen werden. Der Fluss Orhon und sein Quellbereich, der Berg Ötüken, war für die Göktürken ein heiliger Ort. Bei den Mongolen lebt das Wort Ötüken noch heute im Sinne von «Erdgottheit» weiter.

Die Turkvölker waren Nomadenverbände, abhängig von Wasser und Weideplätzen. Weil die nomadische und räuberische Lebensweise hart und karg war, wollte der Fürst Bilge seine Türken sesshaft machen: «Du bist hin und her gewandert, überall, wo du hingekommen bist, schwanden deine Kräfte, und du wurdest vernichtet. Dein Blut floss wie Wasser, deine Knochen türmten sich zu Bergen. Wenn du am Ötüken säßest und dich um die Karawanen kümmertest, littest du keinen Mangel.» Bilge Khan hatte vor, die Religion der Chinesen anzunehmen und Städte bauen zu lassen. Doch sein Wesir Tonyukuk widersetzte sich diesem Plan: «Die Städte und die chinesische Religion verweichlichen den Menschen und zerstören seine kämpferische Kraft.» Einige Turkstämme wurden sesshaft, andere blieben Nomaden und wanderten in Richtung Westen ab.

Auf ihren Wanderungen kamen die Turkvölker mit verschiedenen Religionen Asiens zusammen: mit der Lehre des Zoroaster, dem Buddhismus und dem Christentum. Die Chasaren traten im 8. Jahrhundert geschlossen zum Judentum über. Die Ogusenstämme wiederum nahmen im 10. Jahrhundert den islamischen Glauben an. Heute findet man unter den Turkvölkern neben Muslimen auch Gruppen, die ihre schamanistischen Traditionen bewahrt haben, sowie Buddhisten, gläubige Juden und Christen.

Die türkische Sprache gehört zur ural-altaischen Sprachfamilie. Sie ist mit dem Mongolischen, Koreanischen, Japanischen, dem Finnischen und Ungarischen weitläufig verwandt. Vom Balkan bis nach China wird das Türkische heute von etwa 200 Millionen Menschen gesprochen.

Avrupa'nın kahvehane kültürü

Yıl 1683. Yeniçeri mehter takımının davulları
tekrar gümbürdüyordu. Osmanlı orduları, ikinci
kez ağır toplarla Viyana kapılarını dövüyordu. Ve-
ziri azam Kara Mustafa Paşa, muhteşem çadırın-
da oturmuş, şehrin kuşatmaya daha ne kadar
dayanacağını hesaplıyordu. Viyana komutanı
Kont Starhemberg, artık şehri boşaltmayı planlı-
yordu. Bir ara, çalışma masasından başını kaldırın-
ca karşısında genç bir adam gördü: «Adım
Kolşitski. Nöbetçilerinizi atlatıp karargahınıza
girdim. Bana bir yeniçeri giysisi bulursanız,
aynı hünerle Türk ordularının arasına sızıp sizin
için çalışabilirim.» Starhemberg önce, bu adam
çıldırmış galiba, diye düşündü, sonra ama «Bu
son umut» diye mırıldandı. «O zaman, acele
et delikanlı» dedi.

Die Kaffeekultur Europas

Man schrieb das Jahr 1683. Die Janitscharentrommeln
dröhnten wieder. Zum zweiten Mal schoss das osmanische
Heer schwere Kanonenkugeln gegen die Tore Wiens. Der
Großwesir Kara Mustafa Pascha saß in seinem prächtigen
Zelt und überlegte, wie lange wohl die Stadt der Belagerung
noch standhalten würde. Graf Starhemberg, der Komman-
dant von Wien, plante bereits, die Stadt zu räumen. Als
er den Kopf von seinem Arbeitstisch hob, stand ein junger
Mann vor ihm: «Mein Name ist Kolschitzki», sagte die-
ser. «Ich habe Eure Wächter überlistet und bin so in Euer
Lager eingedrungen. Mit dem gleichen Geschick könnte
ich mich ins türkische Lager einschleichen und für Euch ar-
beiten – wenn Ihr mir eine Janitscharenuniform beschaffen
wolltet.» Starhemberg meinte zuerst, der Mann sei nicht
bei Verstand, doch dann murmelte er: «Das ist unsere letz-
te Hoffnung. Beeil dich, junger Mann!»

Kolşitski, üzerinde yeniçeri giysisi gece gizlice
Türk kamplarına sızdı. Kimse farketmeden, ateşin
başını çevrelemiş bir grup yeniçerinin arasına so-
kulup bir çuvalın üstüne oturdu. Ateşin üzerindeki
ibrikten ona da sıcak, yeğin kokulu bir içecek ikram
ettiler. Yeniçeriler şehri nasıl alacaklarını değil,
ne zaman İstanbul'a döneceklerini konuşuyorlardı.
Kolşitski bu yakınmaları biraz daha dinledi, sonra
gecenin karanlığında yine geldiği gibi kayboldu.

Starhemberg birden bir yeniçeriyi karşısında
görünce, artık her şeyin bittiğine inanmıştı. An-
cak, sarığını çıkaran adamın Kolşitski olduğunu
anlayınca, derin bir nefes aldı. Ertesi gün yapılan
bir deneme taarruzu, Kolşitski'nin gözlemini
doğruladı: Yeniçeriler savaştan bıkmışlardı ve
memleket özlemi çekiyorlardı. Güçlü bir direniş
göstermediler. Üç gün sonra, Avusturyalılar, Po-
lonyalı askerler ve diğer ittifak güçleriyle mu-
harebe meydanına girip Osmanlı ordusunu dar-
madağın etti.

Çok iyi Türkçe bilen, Polonya asıllı, tüccar
Georg Franz Kolşitski günün kahramanıydı. Bu
hizmetine karşılık Starhemberg'den dileği ise
gayet mütevazıydı: Osmanlı ordusunun geri
çekilirken bıraktığı kahve stokları; ayrıca Viyana'-
nın göbeğinde bir ev ve bir kahve işletme imtiya-
zı. Böylece Kolşitski, 1683 yılında «Zur blauen
Flasche» adıyla, Avusturya'nın ilk kahvehanesi'-
ni açtı.

Viyana muharebesi zaferinden, Nürnberg or-
dusu da eli boş ayrılmadı. Esir yüzlerce yeniçeri
ve ağır yüklü develerle dönüldü. Komutan şehrin
anameydanında, gururla savaş ganimetlerini
sergiliyordu. Ancak, kılıcıyla deldiği çuvaldan ba-
harat veya ipekli eşyalar yerine kahverengi bir

In der Nacht schlich sich Kolschitzki, in Janitscharenuniform, ins türkische Lager. Er mischte sich unerkannt unter eine Gruppe Janitscharen, die um ein Feuer saßen, und ließ sich auf einem Sack nieder. Aus einer Kanne über dem Feuer bot man auch ihm ein warmes, stark duftendes Getränk an. Die Janitscharen unterhielten sich nicht darüber, wie sie die Stadt erobern wollten, sondern darüber, wann sie endlich nach Istanbul zurückkehren würden. Kolschitzki hörte ihnen eine Weile zu, dann verschwand er im Dunkel der Nacht dorthin, woher er gekommen war.

Als Starhemberg plötzlich einen Janitscharen vor sich stehen sah, glaubte er, nun sei alles aus. Da nahm der Mann seinen Turban ab, und Starhemberg erkannte Kolschitzki und atmete auf. Ein vorsichtiger Angriff, den er am nächsten Tag unternehmen ließ, bestätigte Kolschitzkis Beobachtung: Die Janitscharen waren kampfesmüde und sehnten sich nach Hause. Sie würden keinen erbitterten Widerstand leisten. Drei Tage später marschierten die Österreicher und ihre Verbündeten, darunter die Polen, in die Schlacht und schlugen das osmanische Heer in die Flucht.

Der Held des Tages war der aus Polen stammende Händler Georg Franz Kolschitzki, der Türkisch konnte. Was er sich zum Dank für seine Dienste von Starhemberg erbat, war sehr bescheiden: die Kaffeevorräte, die das osmanische Heer bei seinem Rückzug dagelassen hatte; dazu ein Gebäude mitten in Wien und die Konzession, dort eine Wirtsstube zu betreiben. Das Lokal, das Kolschitzki im Jahr 1683 eröffnete, trug den Namen «Zur blauen Flasche» und war das erste Kaffeehaus Österreichs.

Von der Schlacht vor Wien kehrten auch die Nürnberger zurück – auch sie nicht mit leeren Händen. Sie brachten Hunderte gefangene Janitscharen und mit Säcken beladene Kamele mit. Auf dem Hauptplatz der Stadt stellte der Kommandant stolz die Beute zur Schau. Doch wie staunte er, als er mit dem Dolch in einen Sack stach und statt Ge-

toz aktığını görünce, şaşırdı. Bu, kahveydi. Kahve
ustası Güzel Mehmet çağrılıp kahve hazırlatıldı.
Kahvenin kokusu ve tadından çok hoşnut kalan
komutan, Güzel Mehmet'i serbest bıraktı, ona
kahvehane için bir de yer verdi. Tuna'nın kuze-
yinde, ilk kahvehane «Schöner Mehmet» adıyla
böyle açıldı.

Esir düşen yeniçerilerin büyük bir çoğunluğu,
saray ve kanalizasyon inşaatında, dokuma tez-
gahlarında çalıştırıldılar. Zamanla Hıristiyanlığı
kabul edip vaftiz oldular. Turk veya Türk soyadlı,
binlerce Almanın kökeni bu tutsak yeniçerilere
dayanır.

Viyana Kuşatması'ndan sonra, kahve «Türk
İçeceği» adı altında kısa zamanda tüm Avrupa'ya
yayıldı. Paris'in ilk kahvehanesini Osmanlı Erme-
nilerinden Paskal, İngiltere'nin ilk kahvehanesini

würzen oder Seide nur brauner Staub zum Vorschein kam.
Es war Kaffee. Man rief den Kaffeesieder der Janitscharen,
Güzel Mehmet, und befahl ihm, das Getränk zuzubereiten.
Der Kommandant, von Duft und Geschmack des Kaffees
begeistert, ließ Güzel Mehmet frei und gab ihm einen
Raum für ein Kaffeehaus; es war, unter dem Namen «Schö-
ner Mehmet», das erste Kaffeehaus nördlich der Donau.

Die meisten gefangenen Janitscharen mussten beim Bau
von Schlössern und Kanalsystemen oder in Webereimanu-
fakturen arbeiten. Im Laufe der Zeit nahmen sie den christ-
lichen Glauben an und ließen sich taufen. Tausende von
Deutschen mit dem Familiennamen Turk oder Türk stam-
men von diesen kriegsgefangenen Janitscharen ab.

Nach der Belagerung Wiens verbreitete sich der Kaffee
unter dem Namen «Türkentrank» in kurzer Zeit in ganz
Europa. Das erste Kaffeehaus in Paris eröffnete ein osma-
nischer Armenier mit Namen Pascal, das erste Kaffeehaus

Türk Musevilerinden Yakup açtı. Avrupa'daki Türk elçilikleri de ziyaretçilerini kahveyle ağırlıyorlardı. Elçilikler, bu içeceği tanımak isteyen, meraklı aristokratlar ile dolup taşıyordu. Kahvenin güzel işlemeli, porselen fincan ve altın saçaklı peçeteler ile servisi, bilhassa kadınları çok okşamıştı. Maddi durumu elverenler, sabah kahvaltısında sıcak biranın yerine kahve içmeye başladılar.

Kahvehane kültürü, Avrupa'nın havasını değiştirdi. Kahvehaneler, yazarların, sanatçıların, gazetecilerin buluşma yeri, ilham kaynağı ve bir çok yazar için ana kucağı oldu. Ayrıca siyasi tartışmaların merkezi haline geldi. Camille Desmoulins'nın Café de Foy'da yaptığı konuşma ile halk Bastille'e hücum etti. Padova'daki muhteşem Caffè Pedrocchi, 19. yüzyılın ortalarında, Venetolu vatanseverlerin buluşma yeri oldu, Avusturya'ya karşı ayaklanma buradan başladı. Leo Troçki, 1907–1914 yılları arasında Viyana'daki Café Central'ın müdavimiydi. Lenin, özel damgalı bir vagonla Rusya'ya gitme planını, Zürih'teki Café Odeon'da yaptı.

Türkiye'de kahvehaneler, eskiden beri eğlence ve eğitim yerleriydi. Okuma-yazma bilmeyen ziyaretçileri eğlendirmek için kahvehanelerde, hikayeler okunuyordu. Her akşam bir meddah bir oyuncu gibi sahneye çıkıyordu. Hikayeyi en heyecanlı yerinde kesip devamını ertesi akşama erteliyordu. Ancak, radyo ve televizyon bu hikaye anlatma sanatını tasfiye etti.

Birinci Dünya Savaşı'na kadar, Türkler kahve içiyorlardı. Fakat Osmanlı İmparatorluğu'nun dağılması ve kahve ihtiyacını karşılayan Yemen'in imparatorluktan ayrılması ile kahve yerini çaya bıraktı, kahvehaneler çayhanelere dönüştü.

in England ein osmanischer Jude namens Jakob. Auch die türkischen Gesandtschaften in Europa bewirteten ihre Besucher jetzt mit Kaffee und lockten neugierige Aristokraten an, die dieses Getränk kennenlernen wollten. Da der Kaffee in feinen Porzellantässchen auf Tüchern mit goldenen Fransen serviert wurde, waren besonders die Frauen entzückt. Wer es sich leisten konnte, trank nun anstelle von warmem Bier zum Frühstück Kaffee.

Die Kaffeehauskultur veränderte das Gesicht Europas. Das Café wurde zum Treffpunkt und zur Stätte der Inspiration von Schriftstellern, Künstlern und Journalisten; für viele Literaten wurde es zur zweiten Heimat. Gleichzeitig entwickelte sich das Kaffeehaus zu einem Zentrum der politischen Diskussion. Nach der Rede des Camille Desmoulins im Café de Foy in Paris stürmte das Volk die Bastille. Das monumentale Caffè Pedrocchi in Padua war Mitte des 19. Jahrhunderts der Versammlungsort der Patrioten Venetiens und damit einer der Orte, von denen die Erhebung gegen Österreich ausging. Leo Trotzki war 1907-1914 Stammgast im Wiener Café Central. Lenins Plan, in einem versiegelten Eisenbahnwaggon nach Russland zu reisen, entstand im Café Odeon in Zürich.

In der Türkei war das Kaffeehaus stets ein Ort des Vergnügens und der Bildung. Um die Gäste zu unterhalten, die nicht lesen und schreiben konnten, wurden im Kaffeehaus Geschichten erzählt. Allabendlich trat ein Meddah auf wie ein Schauspieler auf der Bühne. An der spannendsten Stelle brach er ab und verschob die Fortsetzung auf den nächsten Abend. Aber durch Radio und Fernsehen wurde diese Kunst des Geschichtenerzählens verdrängt.

Bis zum Ersten Weltkrieg war der Kaffee das Hauptgetränk der Türken. Doch nach dem Ende des Osmanischen Reichs und mit der Abspaltung des Jemen, des Hauptlieferanten für Kaffee, trat an dessen Stelle der Tee, und aus Kaffeehäusern wurden Teehäuser.

Tahir ile Zühre

Tahir olmak da ayıp değil Zühre olmak da
hatta sevda yüzünden ölmek de ayıp değil
bütün iş Tahirle Zühre olabilmekte
yani yürekte
Seversin dünyayı doludizgin
ama o bunun farkında değildir
ayrılmak istemezsin dünyadan
ama o senden ayrılacak
yani sen elmayı seviyorsun diye
elmanın da seni sevmesi şart mı?
Yani Tahir'i Zühre sevmeseydi
yahut hiç sevmeseydi
Tahir ne kaybederdi Tahirliğinden?
Tahir olmak da ayıp değil Zühre olmak da
hatta sevda yüzünden ölmek de ayıp değil.

Nazım Hikmet'in bu şiiri Batı'daki Romeo ve Jul-
let gibi Doğu'nun yaygın aşk hikayesi üzerine bir
gönderme. Hikaye şöyle:
    Padişah Babahan'ın malı, mülkü kısaca her
şeyi vardı. Ama mutlu değildi. Çünkü çocuğu ol-
mamıştı. Ne kadar hekim varsa sarayına çağırdı,
fakat hiçbirinden fayda görmedi. Bir gün baş-
veziri Bahır'la, ki onun da çocuğu olmuyordu,
dertlerine çare bulmak için tebdil-i kıyafet edip
saraydan çıktılar. Yolları bir mezarlığa uğradı.
Yorulmuşlardı, oturup dinlendiler.

Tahir und Zühre

Es ist keine Schande, Tahir zu sein oder Zühre,
es ist nicht einmal eine Schande, aus Liebe zu sterben.
Das Wichtigste ist, Tahir und Zühre zu sein,
und zwar von Herzen.
Du liebst die Welt ohne Vorbehalt,
doch merkt sie es nicht,
du willst dich nicht trennen von dieser Welt,
doch sie wird sich trennen von dir.
Das heißt, wenn du Äpfel magst,
müssen die Äpfel dann unbedingt auch dich mögen?
Würde Tahir weniger sein,
wenn Zühre, sagen wir, Tahir nicht mehr liebte
oder nie geliebt hätte?
Es ist keine Schande, Tahir zu sein oder Zühre,
es ist nicht einmal eine Schande, aus Liebe zu sterben.

Dieses Gedicht von Nazım Hikmet spielt auf ein Liebespaar
an, das im Orient so bekannt ist wie im Westen Romeo und
Julia. Ihre Geschichte ging so:

Der Padischah Babahan besaß Reichtümer und Ände-
reien. Aber er war nicht glücklich. Denn er hatte keine
Kinder. Er rief alle Ärzte in sein Schloss, aber keiner konnte
ihm helfen. Eines Tages verkleideten sich der Padischah
und sein Großwesir Bahır, der ebenfalls kinderlos war, und
verließen den Palast, entschlossen, einen Ausweg zu
finden. Ihr Weg führte am Friedhof vorbei. Da sie müde
waren, setzten sie sich und ruhten sich aus.

Biraz ötede bir ağacın gölgesinde yaşlı bir derviş oturmuş kitap okuyordu. Yanına gidip kim olduğunu sordular. Derviş, «ben remmel üstadıyım, insanların geleceğini okurum» diye karşılık verince, padişah, «madem öyle, gönlümden geçeni bilirsen sana inanırım» dedi. Derviş onlardan birinin padişah, diğerinin başvezir olduğunu, ikisinin de çocuk özlemiyle yanıp tutuştuğunu söyledi. Padişah, «madem derdimizi biliyorsun, o zaman derdimize bir derman» diye yalvarmaya başladı.

Derviş cebinden iki elma çıkarıp birini padişaha, birini de vezire verdi. «Bu elmaları bu gece hanımlarınızla bölüşüp yiyin, Allahın izniyle çocuklarınız olacak. Kızın adını Zühre, oğlanın adını da Tahir koyacaksınız. Birbirinden ayırmadan büyütecek, zamanı gelince de birbirleriyle evlendireceksiniz. Eğer bu söylediklerimi yapmazsanız, başlarına öyle haller gelecek ki, acıklı öyküleri kıyamete kadar destan olup söylenecek.»

Padişah ve vezir şaşkın şaşkın birbirlerine baktılar. Padişah, dervişe altın vermek istedi. Bir de döndü ki, dervişin yerinde yeller esiyordu. Padişah ve veziri saraya döndüler. Gece herbiri kendi karısıyla elmayı paylaştı.

Dervişin söylediği gibi dokuz ay dokuz gün sonra, padişahın bir kızı, vezirin bir oğlu dünyaya geldi. Kıza Zühre, oğlana Tahir adını koydular.

Tahir ile Zühre birlikte yetişip birlikte büyüdüler. İki gencin birbirine karşı duyguları yavaş yavaş ihtiraslı bir aşka dönüştü. Onların birbirlerini sevdiklerini ilk kez Padişahın kölesi sezdi. Gidip hemen Zühre'nin annesine durumu anlattı, o da padişaha tabi. Padişah, dervişin

In einiger Entfernung saß im Schatten eines Baumes ein alter Derwisch und las in einem Buch. Sie gingen zu ihm und fragten, wer er sei. Als der Derwisch antwortete: «Ich bin ein großer Wahrsager, ich lese die Zukunft der Menschen», sagte der Padischah: «Wenn du mir sagen kannst, was ich mir in meinem Herzen wünsche, so will ich dir glauben.» Der Derwisch erwiderte, sie seien der Padischah und der Großwesir, die sich beide nichts sehnlicher wünschten als ein Kind. Der Padischah flehte: «Du kennst unseren Kummer, finde auch die Lösung dafür.»

Da zog der Derwisch zwei Äpfel aus der Tasche, gab einen dem Padischah und einen dem Wesir. «Teilt diesen Apfel heute nacht jeder mit seiner Frau, und mit Allahs Willen wird jeder von euch ein Kind bekommen. Dem Mädchen sollt ihr den Namen Zühre, dem Knaben den Namen Tahir geben. Lasst beide zusammen aufwachsen, und wenn die Zeit gekommen ist, verheiratet sie miteinander. Tut ihr nicht, was ich gesagt habe, werden diese Kinder so viel Leid erleben, dass man sich in alle Ewigkeit ihre traurige Geschichte erzählen wird.

Padischah und Wesir sahen sich erstaunt an. Der Padischah wollte dem Derwisch Gold geben. Doch als er sich umwandte, wehte da, wo der Derwisch gewesen war, nur noch der Wind. Der Padischah und sein Wesir kehrten ins Schloss zurück; jeder teilte in der Nacht mit seiner Frau den Apfel.

Neun Monate und neun Tage später wurde, wie es der Derwisch vorhergesagt hatte, dem Padischah eine Tochter und dem Wesir ein Sohn geboren. Dem Mädchen gaben sie den Namen Zühre, dem Knaben den Namen Tahir.

Tahir und Zühre wurden gemeinsam erzogen und wuchsen zusammen auf. Die Zuneigung der jungen Leute verwandelte sich in leidenschaftliche Liebe. Dass Tahir und Zühre sich liebten, merkte zuerst der Diener des Padischah. Er eilte zu Zühres Mutter, um es ihr zu berichten, und sie gab die Nachricht gleich an den Padischah weiter. Der dachte an

sözünü hatırlayıp bu iki sevdalıyı kavuşturmak istedi. Ancak Zühre'nin annesi, «Benim kızım padişah kızıdır, padişah kızları padişah çocuğuna layıktır» diye karşı çıktı. Sihirli bir şurupla padişahı fikrinden caydırdı ve Tahir saraydan kovuldu.

Ayrılık Tahir'i deliye çevirdi. Eline sazını alıp bağlarda, bahçelerde dolaşarak durup dinlenmeden derdini türkülere döktü. Aşkları bütün şehre yayıldı. Bir gün Tahir köşkün önüne gelip Zühre'nin vefasızlığını ve tez unuttuğunu dile getiren sitemli türküler okudu. Gözcüler Tahir'i yakalayıp padişaha götürdüler, o da hemen cellat diye bağırdı. Ancak vezirler ayağa kalkıp padişahtan Tahir'i affetmesini dilediler. Padişah, o zaman Mardin şehrine sürülsün, emrini verdi. Tahir bir dizi adamın eşliğinde yedi gün yolculuktan sonra Mardin'e geldi.

Tahir'in, Zühre aşkına yazdığı şiirler ülke sınırlarını aştı. Bu gencin macerasını duymayan kalmadı. Günler, aylar, yıllar birbirini kovaladı.

Günlerden bir gün – tam yedi sene dolmuştu – Tahir dışarda dolaşıyordu. Orada bir bülbülün gül dalına konmak için uğraşırken, gülün dikeninin göğsüne batarak öldüğünü gördü: Bense sevgili uğruna ölmeye cesaret edemiyorum, canımı kurtarmak için mi burada mahpus kalıyorum? diye düşündü. Aynı gün kaçmaya karar verdi. Fakat ne tarafa gideceğini bilmiyordu. Ak sakallı bir yaşlı onu atının terkisine attı ve «yum gözünü» dedi. Tahir gözünü açtığında, Zühre'nin köşkü önündeydi.

Padişahın kölesi, Tahir'in döndüğünü ve gizlice yine Zühre ile buluştuğunu öğrendi ve he-

das, was der Derwisch gesagt hatte, und wollte die Lieben-
den zusammenführen. Aber Zühres Mutter widersetzte sich.
«Meine Tochter ist die Tochter eines Padischah; nur Söhne
eines Padischah sind ihrer würdig.» Mit einem Zauber-
trank gelang es ihr, den Padischah von seinem Vorhaben
abzubringen, und Tahir wurde aus dem Schloss vertrieben.

Die Trennung trieb Tahir fast in den Wahnsinn. Er nahm
seine Saz, wanderte in den Weinbergen und Gärten umher
und sang ohne Unterlass von seinem Schmerz. So verbrei-
tete sich die Kunde von seiner Liebe in der ganzen Stadt.
Einmal ging Tahir auch zum Schloss und sang vorwurfs-
volle Lieder über Zühres Untreue und ihr schnelles Ver-
gessen. Die Wächter nahmen ihn fest und brachten ihn
zum Padischah, der sogleich nach dem Henker rief. Doch
die Wesire baten, er möge Tahir verzeihen. Da gab der Padi-
schah den Befehl, Tahir nach Mardin in die Verbannung
zu schicken. Begleitet von einem Dutzend Männern kam
Tahir nach siebentägiger Reise in Mardin an.

Die Gedichte, die Tahir dort über seine Liebe zu Zühre
schrieb, gelangten über die Grenzen des Landes hinaus.
Niemandem blieb das Schicksal des jungen Mannes unbe-
kannt. Tage, Monate und Jahre vergingen.

Eines Tages – es waren genau sieben Jahre vergangen –
ging Tahir spazieren. Da sah er, wie eine Nachtigall, die
sich auf einen Rosenzweig setzte, von dessen Dornen in die
Brust gestochen wurde und verblutete. Er dachte: Und ich
habe nicht den Mut, für meine Liebe zu sterben. Ich lebe
hier wie ein Gefangener, nur um am Leben zu bleiben. Er
beschloss, noch am gleichen Tag zu fliehen. Aber er wuss-
te nicht, welche Richtung er einschlagen sollte. Ein alter
Mann mit weißem Bart nahm ihn auf seinem Pferd mit
und befahl ihm: «Schließ die Augen!» Als Tahir sie wieder
aufmachte, stand er vor dem Schloss, in dem Zühre lebte.

Der Diener des Padischah erfuhr, dass Tahir zurück-
gekehrt war und sich heimlich mit Zühre traf, und hinter-

men beyine haber verdi. Tahir tutuklanıp başı vuruldu.

Zühre üzüntüsünden yatağa düştü. Hekimler, hocalar çağrıldı ama, hiçbiri çare bulamadı. Sonunda Tahir'in vücudundan bir parça yerse, Zühre'nin iyileşebileceği görüşüne vardılar. Ancak Zühre kuşkulanıp eti yemedi. Babasına «artık sarayın ateşe yak» deyip Tahir'in mezarına gitti ve orada yığılıp kaldı. Bunu duyan köle mezara koştu, hançerini çıkarıp kendi göğsüne sapladı. O da Zühre'ye aşıktı.

Zühre, Tahir'in yanına gömüldü. Mezarları aşıklar için bir ziyaretgah oldu. İki mezarın arasında bir kara çalı biter. Ziyaretçiler baltalarla devamlı keserler onu, fakat çalı yine biter. Buraya kölenin kanının sıçradığına inanılır.

Bu hikaye sonradan geleceklere hisse kapsınlar diye anlatıldı. Tahir ile Zühre, Ferhat ile Şirin, Leyla ile Mecnun, Arzu ile Kamber, Kerem ile Aslı – hepsi de mutsuz aşıklardır. Onlar birbirlerine hasret gitmişlerdir. Onların hikayesi Anadolu'nun her köşesinde değişik şekillerde anlatılır. Bir çok şehirde mezarları vardır.

Bir de rakı şişesinde balık olsam

Sultan IV. Murat (1623-1640) tüm ülkede her türlü içki ve sigarayı yasaklar. Bunu denetlemek için sultan ve veziri tebdil-i kıyafet edip İstanbul'u dolaşmaya çıkar. Kabataş'tan Üsküdar'a geçmek için bir kayığa binerler. Bir Bektaşi olan kayıkçı kıyıdan biraz uzaklaşınca zuladan rakı şişesini çıkarıp önce kendisine bir kadeh doldurur, birer kadeh de bu iki yolcusuna ikram eder. Padişah ve

brachte es seinem Herrn. Tahir wurde festgenommen und enthauptet.

Vor Schmerz und Trauer wurde Zühre krank. Ärzte und Hodschas wurden gerufen, doch keiner konnte helfen. Da kamen sie auf den Gedanken, dass Zühre gesund würde, wenn sie ein Stück von Tahirs Körper äße. Doch das Mädchen schöpfte Verdacht und aß nichts. Sie sagte zu ihrem Vater « Steck dein Schloss in Brand » und ging zu Tahirs Grab, wo sie tot zusammenbrach. Als der Diener das hörte, lief er zum Grab, zog seinen Dolch und stieß ihn sich in die Brust. Denn auch er war in Zühre verliebt gewesen.

Zühre wurde neben Tahir begraben. Ihre Gräber wurden zu einem Wallfahrtsort für Verliebte. Zwischen den Gräbern wuchs dorniges schwarzes Gestrüpp. Immer wieder hacken die Besucher es ab, aber es wächst immer wieder nach. Es heißt, das Blut des Dieners sei hierhergespritzt.

Die Geschichte soll denen, die sie hören, eine Lehre sein. Tahir und Zühre, Ferhat und Şirin, Leyla und Mecnun, Arzu und Kamber, Kerem und Aslı – lauter unglückliche Liebespaare. Sie starben, ohne dass ihre Liebe Erfüllung fand. Ihre Geschichten werden überall in Anatolien in unterschiedlichen Fassungen erzählt. In vielen Städten gibt es Gräber von ihnen.

Wär ich doch ein Fisch in einer Flasche Rakı

Sultan Murat IV. (1623-1640) stellte im ganzen Land Alkohol- und Zigarettengenuss unter Strafe. Weil er nachprüfen wollte, ob sein Verbot eingehalten wurde, verkleideten sich er und sein Wesir und mischten sich in Istanbul unters Volk. Um von Kabataş nach Üsküdar zu gelangen, bestiegen sie ein Boot. Als sie ein Stück weit vom Ufer entfernt waren, zog der Fährmann, ein Bektaschi, eine Rakıflasche aus einem Versteck, schenkte zuerst sich ein Gläschen ein und

veziri önce şaşırırlar ama, itiraz etmeden içerler. Biraz daha ilerledikten sonra Bektaşi şişeyi tekrar çıkarır ve yine bir kendisine doldurur, bir de yolcularına ikram eder. Padişah ve veziri kısa bir duraksamadan sonra yine itirazsız yudumlarlar bu ikinci kadehi de. Üsküdar'a yaklaşınca şişe tekrar ortaya çıkar. Bunun üzerine vezir dayanamayıp bağırmaya başlar: «Bre ahlaksız herif! Sen içkinin yasak olduğunu bilmiyor musun? Üstelik bunları kime ikram ettiğinin farkında mısın?» Bektaşi gayet rahat: «Kime olacak efendi, benim gibi Allah'ın kullarına.» Bektaşi'nin rahatlığı tepesi iyice atan vezir, «Senin Allah'ın kulu dediğin ulu padişahımız Sultan Murat, ben de onun veziriyim» diye bağırır. Bektaşi bunun üzerine kahkahayı basar: «Heriflere bak, iki kadehde birisi padişah, diğeri vezir oldu. Üçüncüyü de içselerdi, herhalde birisi Allah, öbürü peygamber olduğunu iddia edecekti.»

Bu fıkra, içkicilerin amansız düşmanı Sultan Murat'ın koyduğu içki yasağının tutmadığını ele veren güzel bir örnek. Zaten sultanın kendisi de iyi bir rakı ve tütün tiryakisidir.

Onun zamanında İstanbul'da altı bin kişi meyhanecilikle uğraşıyordur. Bu sayıya ayaklı meyha-

bot dann den beiden Fahrgästen zu trinken an. Der Sultan und sein Wesir waren erst verblüfft, tranken aber dann doch, ohne sich etwas anmerken zu lassen. Als sie ein Stück weitergefahren waren, zog der Bektaschi wieder die Flasche heraus und schenkte erst sich und dann den Passagieren ein. Nach kurzem Zögern tranken der Sultan und sein Wesir ohne Widerspruch das zweite Glas. Als sie sich Üsküdar näherten, wollte der Fährmann ihnen erneut Rakı anbieten. Da konnte der Wesir nicht länger an sich halten und rief: «Du sittenloser Kerl! Weißt du nicht, dass Alkohol verboten ist? Und merkst du nicht, wen du da zum Trinken aufgefordert hast?» Der Bektaschi antwortete ungerührt: «Wen denn, Herr? Ihr seid Geschöpfe Gottes wie ich!» Die Gelassenheit des Bektaschi erboste den Wesir noch mehr. Er rief: «Den du Geschöpf Gottes nennst, das ist unser erhabener Padischah Sultan Murat, und ich bin sein Wesir.» Da lachte der Bektaschi schallend: «Seht euch die an! Kaum trinken sie zwei Gläschen, schon ist der eine Padischah, der andere Wesir. Wenn sie ein drittes Glas trinken, wird der eine sagen, er sei Gott, der andere, er sei der Prophet.»

Diese Anekdote zeigt, dass Sultan Murat, der Trinker so ingrimmig verfolgte, das Verbot nicht durchsetzen konnte. Ja, er selber liebte Rakı und Tabak.

Zu jener Zeit waren in Istanbul an die sechstausend Menschen in Kneipen beschäftigt. Hinzu kamen die sogenannten

neciler dahil değildir. Bunlar su güğümlerinde
rakı satarlardı. Müşterilerini görür görmez he-
men yakındaki bir dükkana girip rakı doldurur-
lardı. Meze olarak ceplerinde leblebi veya fındık
bulundururlardı. Bu seyyar rakı satıcıları bu
yolla geçimlerini sağladıkları gibi, meyhane
açabilecek bir sermayeyi de biriktiriyorlardı.
Anadolu eski ve köklü bir içki geleneğine
sahiptir. Nuh Peygamber – İslami rivayete göre
– Cizre yakınlarındaki Cudi Dağı'na çıkınca
ilk asma ağacını burada yetiştirmiştir. Cüm-
büşlü Dionysos şenlikleri yine Anadolu'da kut-
lanmıştır. Türkler'in ilk ulusal içkisi kısrak
sütünden elde edilen, ekşimsi, hafif köpüklü
ve alkollü kımızdı. Anadolu'ya yerleşince
Mısırlılardan gördükleri arakı örnek alıp rakıyı
geliştirdiler.
Rakı üzüm, incir, erik gibi meyvelerin alkolle
mayalanarak damıtılmasıyla elde edilir. İçinde
anason bulunduğu için üzerine su koyunca süt
gibi beyazlaşır; sert olması nedeniyle – alkol
derecesi otuz beş ile elli arasındadır – halk dilin-
de aslan sütü denir.
Rakının mezesi sohbettir. Ne tek başına içilir
ne de aceleye gelir. Bir zaman ve zamanlama
sorunudur rakı. Nasıl çay, renk ve kokusunun
suya geçmesi için bekletiliyor – yani demleni-
yorsa – rakıyla kıvama gelmek için de «dem»
e ihtiyaç vardır, dem zaman demektir. O ne-
denle akşam, iş güç kaygısı bittikten sonra,
dostlarla, ahbaplarla birlikte içilir rakı. Rakı
tiryakilerine akşamcı denilmesi buradan kay-
naklanır. İçtikçe rahatlatır insanı, sohbet koyu-
laştıkça koyulaşır, arada bir birlikte türkü tuttu-
rulur, şiirler okunur karşılıklı: «Haydi Abbas

fliegenden Kneipenwirte. Sie verkauften Rakı in kupfernen Wasserbehältern. Sie kannten ihre Kunden, verschwanden mit ihnen im nächsten Laden und schenkten ihnen dort Rakı aus. Zum Knabbern boten sie geröstete Kichererbsen und Haselnüsse an. Diese fliegenden Rakıverkäufer verdienten so ihren Unterhalt und legten mit der Zeit so viel Kapital beiseite, dass sie eigene Kneipen eröffnen konnten.

Anatolien hat eine alte, traditionsreiche Trinkkultur. Noah landete – muslimischer Überlieferung zufolge – nach der Sintflut auf dem Berg Cudi in der Nähe von Cizre und pflanzte dort die ersten Weinreben. Zu Ehren des Dionysos wurden in Anatolien rauschende Feste gefeiert. Das ursprüngliche Nationalgetränk der Türken war Kımız, ein säuerliches, leicht schäumendes Getränk mit geringem Alkoholgehalt, das aus Stutenmilch hergestellt wird. Als die Türken in Anatolien siedelten, übernahmen sie von den Ägyptern den Arak und entwickelten daraus den Rakı.

Rakı entsteht durch Destillation von mit Alkohol vergorenem Obst wie Trauben, Feigen und Pflaumen. Da er Anis enthält, wird er weiß wie Milch, wenn man ihn mit Wasser vermischt; da er ziemlich stark ist – Rakı hat einen Alkoholgehalt von 30 bis 50 Prozent –, heißt er im Volksmund Löwenmilch.

Zum Rakıtrinken gehört die Unterhaltung. Man trinkt ihn weder allein, noch verträgt er Hast und Eile. Man muss sich Zeit nehmen und den richtigen Zeitpunkt wählen. Wie man aufgebrühten Tee ruhen lässt, damit er Farbe und Geschmack entfalten kann – «er soll ziehen» *demlemek* – so braucht man, um beim Rakı in die rechte Stimmung zu kommen, *dem*, Zeit. Deshalb wird Rakı abends, wenn man die Last von Arbeit und Beruf abgelegt hat, mit Freunden und Bekannten getrunken. Ein Rakıtrinker heißt darum auch *akşamcı*: einer, der Abend für Abend am Rakıtisch sitzt. Nach jedem Gläschen fühlt man sich wohler, das Gespräch wird angeregter, ab und zu singt man gemeinsam

vakit tamam / Akşam diyordun, işte oldu akşam /
Kur bakalım çilingir soframızı / Dinsin artık bu
kalp ağrısı.»
Cahit Sıtkı Tarancı'nın şiirinde ifade ettiği gibi
rakı sofrası zengin olmalıdır. Çünkü rakı ne aç
karnına ne de mezesiz gider. Mezelerle iyi do-
natılmış rakı sofrasına çilingir sofrası denir. Tava,
pilaki, karides, sardalya, istavrit, yeşil salata,
patlıcan salata, beyin salatası, beyaz peynir ve
mevsimlik meyveler rakının meze çeşitleridir.
Biraz yedikten sonra kadehler kaldırılır. O halde,
haydi yarasın!

Balıklar Boğaz'ı çoktan terketti

Yaşlı bir çiftçi olan Murat Ağa zengin biri değil.
Ama yılda birkaç haftalığına da olsa patron. Ka-
radeniz bölgesindeki Düzce yakınlarında dede-
lerinden kalma bir buçuk dönümlük fındık bah-
çesi var. Mahsul zamanı – bazen yaya, bazen de
minibüsle – çevre köyleri dolaşıp fındık toplatmak
için ırgat arıyor. – Euro'ya çevrildiğinde – on Euro
yevmiye ödüyor, yatacak yer ve yemek de caba.
İyi ödeme yaptığını düşünüyor. Fakat iki gündür
dolaşmasına rağmen bir tek adam bulamadığın-
dan yakınıyor. «Köylerde sadece biz ihtiyarlar
kaldık. Gençler çekip ya İstanbul'a, ya Ankara'ya,
ya da İzmir ve Bursa'ya gidiyor.» Büyük şehir-
lerin cazibesinin sırrına bir türlü vakıf olamamış
Murat Ağa. Oğlunu ziyaret için gittiği İstanbul'-
da bir ay zor dayanmış.
Anadolu bugün büyük bir iç göçe sahne oluyor.
Köyler boşalıyor, şehirler dolup taşıyor. Birçok kö-
yün adı var kendi yok. Bugün İstanbul'da, Sıvas'-

ein Lied oder jemand trägt ein Gedicht vor: «Los, Abbas, es ist Zeit / Abends, hast du gesagt, jetzt ist es abends / Richte den Zechtisch her / Damit der Liebesschmerz gestillt wird.»

Wie Cahit Sıtkı Tarancı in seinem Gedicht sagt: Der Rakıtisch sei reich gedeckt! Rakı trinkt man nicht auf nüchternen Magen, und man isst dazwischen immer kleine Häppchen, *meze*. Ein mit Meze gut bestückter Rakıtisch heißt Zechtisch. Gebratener Fisch, Bohnenkerne mit Tomaten und Olivenöl, Garnelen, Sardellen, Stockfisch, grüner Salat, Auberginensalat, Hirnsalat, Schafskäse und Obst der Saison gehören unbedingt auf den Rakıtisch. Erst wenn man etwas gegessen hat, fängt man mit dem Rakı an. Na dann, zum Wohl!

Die Fische haben den Bosporus längst verlassen

Der alte Bauer Murat ist kein reicher Mann. Aber ein paar Wochen im Jahr ist er Arbeitgeber. Er besitzt in der Nähe von Düzce in der Schwarzmeerregion anderthalb Hektar Land, auf dem schon seine Vorfahren Haselnüsse anbauten. Zur Erntezeit ist er – teils zu Fuß, teils mit dem Kleinbus – in den umliegenden Dörfern auf der Suche nach Arbeitern, die seine Nüsse pflücken. Er bietet – umgerechnet – zehn Euro Tageslohn, dazu Unterkunft und Verpflegung gratis. Er glaubt, dass er gut bezahlt. Aber obwohl er seit zwei Tagen unterwegs ist, habe er noch keinen einzigen Erntehelfer gefunden, jammert er. «In den Dörfern leben nur noch wir Alten. Die Jungen sind alle weg, in Istanbul, Ankara, Izmir oder Bursa.» Warum die großen Städte eine solche Anziehungskraft ausüben, ist Murat Aga ein Rätsel. In Istanbul, wo er seinen Sohn besucht hat, hat er es kaum einen Monat ausgehalten.

Anatolien ist heute der Schauplatz einer großen Binnenwanderung. Die Dörfer leeren sich und füllen die Städte. Viele Ortschaften gibt es nur noch dem Namen nach. Heute

tan daha çok Sıvaslı, Ankara'da, Kars'tan daha çok
Karslı, İzmir'de Mardin'den daha çok Mardinli
yaşıyor. 1950'de, tarımda modernleşme ile başlayan
göç 1980'den itibaren rekor kırıyor. 1980 yılına
kadar nüfusun yüzde 43'ü kentlerde yaşıyordu,
80'li yılların ortasında şehirde oturanların sayısı
yüzde 53'e çıktı. Bugün yüzde 60'a ulaştığı tahmin
ediliyor. İstanbul'un nüfusu yılda üç yüz bin do-
layında artıyor. Bunun üçte biri Anadolu'dan ge-
liyor. Saatte yirmi üç kişi İstanbul'a göçüyor.
İstanbul nüfusu 1977'de dört, 1985'te altı milyon-
ken, bugün on iki milyonu aşmakta ediliyor.

İstanbullu taksi şoförü Metin usta, «Eskiden»
diye şikayet ediyor, «insanlar İstanbul'a sadece
mevsimlik işçi olarak gelirlerdi. Mahsul zamanı
yine köylerine ailelerinin yanına geri dönerlerdi.
İstanbul'da kalmak isteyen, sağlam bir iş ve otura-
cak ev bulurdu önce kendine. Ondan sonra alırdı
ailesini yanına. Ama bugün tasını tarağını, yor-
ganını toplayan doğru İstanbul'a koşuyor. Nerede
kalacak? Önce akrabasına veya hemşerisine sığını-
yor. Sonra boş bulduğu alana bir gecekondu da o
konduruyor.»

Şehrin kenarında tamamıyla köy karakterli semt-
ler, taşra köylüsünün hemşehri gettoları türüyor.
İnsanlar geldikleri yerin adını taşıyan mahalleler
kuruyorlar: Kars mahallesi, Kürt mahallesi, Laz
durağı gibi. Sadece semtler değil,
iş alanları da yörelere göre bölünmüş: Hamallık
mesleğini Malatyalı ve Adıyamanlılar, inşaat
sektörünü Lazlar ele geçirmiş. Sıvaslılar simit-
çilik, Tokatlılar tellaklık yapıyor.

Kars'tan Edirne'ye, Adana'dan Trabzon'a tüm
Anadolu İstanbul'da temsil ediliyor. Koyu bir
çelişkiler şehri İstanbul: Bir yanda seyyar satıcı-

leben in Istanbul mehr Menschen aus Sıvas als in Sıvas,
in Ankara mehr aus Kars als in Kars, in Izmir mehr aus
Mardin als in Mardin. Die Wanderung, die 1950 mit der
Modernisierung der Landwirtschaft einsetzte, hat sich seit
1980 noch verstärkt. Bis 1980 lebten 43 Prozent der türki-
schen Bevölkerung in den Städten, Mitte der 80er Jahre war
der Anteil der Stadtbewohner 53 Prozent. Heute, schätzt
man, sind es bereits 60 Prozent. In Istanbul wächst die Be-
völkerung jährlich um 300 000 Menschen, davon sind etwa
ein Drittel Neuankömmlinge aus Anatolien. Pro Stunde
ziehen dreiundzwanzig Menschen nach Istanbul. Hatte die
Stadt 1977 vier und 1985 sechs Millionen Einwohner, so
sind es heute mehr als 12 Millionen.

«Früher», so klagt der Istanbuler Taxifahrer Metin, «ka-
men nur Saisonarbeiter nach Istanbul. Zur Erntezeit kehr-
ten sie zu ihren Familien ins Dorf zurück. Wer in Istanbul
leben wollte, suchte sich zuerst eine feste Arbeit und eine
Wohnung. Dann holte er seine Familie nach. Heute aber
packt jeder seinen Teller, seinen Kamm und sein Bett und
läuft aufs Geratewohl nach Istanbul. Wo soll er bleiben?
Zunächst findet er Unterschlupf bei Verwandten oder Be-
kannten. Später stellt auch er da, wo er ein Plätzchen fin-
det, ein Gecekondu, einen Schwarzbau, hin.»

So entstehen am Rande der Stadt Viertel mit dörflichem
Charakter, Ghettos mit Leuten aus ein und derselben Pro-
vinz. Die Straßenzüge sind nach den Herkunftsorten ihrer
Bewohner benannt: Karsviertel, Kurdenviertel oder Lasen-
station. Nicht nur die Stadtviertel, auch die Arbeitsbereiche
sind nach Regionen eingeteilt: Der Beruf des Lastenträgers
wird von Leuten aus Malatya und Adıyaman ausgeübt, den
Bausektor haben die Lasen in der Hand. Die Simitverkäufer
sind aus Sıvas, die Masseure im Hamam aus Tokat.

Ganz Anatolien, von Kars bis Edirne, von Adana bis Trab-
zon, ist in Istanbul vertreten. Istanbul ist eine Stadt der
krassen Gegensätze: Da gibt es einerseits Straßenverkäufer

lar, ailenin geçimine katkıda bulunmak zorunda
kalan okul çağındaki ayakkabı boyacısı çocuklar;
öbür yanda boğazdaki eğlence yerlerini dolduran
zengin İstanbullular. Ama hepsi, hepsi İstan-
bul'u talan ediyor. Taşra köylüsünün derme
çatma gecekondularına ve yeniyetme zenginl-
erin, paşaların, köşeyi dönmüş politikacıların
villalarına yeşil sahalarını, çam ormanlarını feda
ediyor İstanbul. Şehrin gürültüsüne ve suyun
kirlenmesine dayanamayan balıklar ise Boğaz'ı
çoktan terketti.

Mevlana Celaleddin Rumi

Ferideddin Attar eczacı dükkanının önünde otu-
ruyordu. Birden dilenci kılıklı, sefil bir dervişin
kapının önüne dikilip yaşlı gözlerle dükkanı sey-
rettiğini gördü. Attar, adamı «Hadi çek git bur-
dan» diye tersledi. «Benim çekip gitmem kolay,
delikanlı» dedi derviş. «Tek yüküm şu sırtımdaki
paltom. Ama siz şu pahalı eşyalarınızı bırakıp
nasıl gideceksiniz, onu merak ediyorum.» Bu
yanıt düşündürdü Attar'ı. Mesleğini bırakıp ken-
disini tamamen din öğretimine verdi. Sevginin
yedi şehrini dolaştı, İslam dünyasının baş yapıt-
larından biri olan «Kuşların Dili» adlı eseri yazdı.
    Mevlana Celaleddin Rumi'yi, İslam dünyasının
en büyük tasavvuf düşünürü yapan yine buna
benzer bir olay oldu. Mevlana, 1207 yılında bu-
günkü Afganistan'ın Belh şehrinde doğdu. Beş
yaşında iken babasıyla birlikte Moğol istilasından
kaçıp Türk Selçuklu İmparatorluğu'na sığındı
ve imparatorluğun başkenti Konya'ya yerleşti.
1273'te yine orada öldü.

und Kinder in schulpflichtigem Alter, die als Schuhputzer zum Lebensunterhalt der Familie beitragen müssen; andererseits reiche Istanbuler, die sich abends in den Vergnügungslokalen am Bosporus amüsieren. Aber alle, alle plündern Istanbul aus. Die Stadt opfert ihre grünen Flächen und ihre Kiefernwälder den hastig errichteten Gecekondus der bäuerlichen Zuwanderer und den Villen der Neureichen, der Generäle und der durch Korruption zu Reichtum gelangten Politiker. Die Fische, die dem Lärm und der Verschmutzung des Wassers nicht standhalten konnten, haben den Bosporus längst verlassen.

Mevlana Celaleddin Rumi

Ferideddin Attar saß vor seinem Drogerieladen. Plötzlich stand, armselig wie ein Bettler gekleidet, ein Derwisch vor ihm und schaute mit Tränen in den Augen in den Laden hinein. Attar herrschte den Mann an: «Los, scher dich hier weg». «Für mich ist es leicht wegzugehen, junger Mann», erwiderte der Derwisch. «Alles, was ich zu tragen habe, ist mein Mantel. Aber ich frage mich, wie Ihr diese teuren Sachen zurücklassen und weggehen werdet.» Diese Antwort machte Attar nachdenklich. Er gab seinen Beruf auf und widmete sein Leben der religiösen Unterweisung. Er durchwanderte die sieben Städte der Liebe und schrieb eines der Hauptwerke der islamischen Welt, die «Vogelgespräche».

Eine ähnliche Begebenheit machte Mevlana Celaleddin Rumi zum größten Denker der islamischen Mystik. Mevlana wurde im Jahr 1207 in Balch im heutigen Afghanistan geboren. Im Alter von fünf Jahren flüchtete er mit seinem Vater vor dem Mongolensturm in das türkisch-seldschukische Reich und ließ sich in dessen Hauptstadt Konya nieder. Dort starb er im Jahr 1273.

Babası öldükten sonra Konya'da şeyhlik makamını devralan Mevlana, medresede din dersleri veren zahit sufiydi. Elli yaşına kadar, devamlı kendine bir öz, kendi ruhunu yansıtacak bir ayna aradı. Medrese medrese dolaşan, ancak hiçbir şeyhin iradesi altına girmeyen derviş Şemseddin Tebrizi ile karşılaşması, onun bütün dünyasını değiştirdi. Şems, Mevlana'yı Konya'da görünce, «Ayı leğendeki suda seyretmedeyim» dedi. Onu Şekerciler Hanı'nda bir sema'a davet etti. Daha sonra Şems'i evine alan Mevlana, «Sana sadakatle aşığım» dedi. Onunla bir odaya kapanıp gece gündüz sohbete daldı ve sema etti. Şems onu aşk ve cezbe alemine attı.

Altı ay dışarı çıkmadı Mevlana. Dersi, vaazı ve fetva vermeyi bıraktı. «Elimde daima Kuran vardı,

Mevlana, der nach dem Tod seines Vaters dessen Lehrstuhl für Theologie in einem Orden in Konya übernahm, war zunächst nur ein frommer Sufi. Bis er fünfzig war, suchte er unermüdlich den Kern, einen Spiegel seiner Seele. Die Begegnung mit dem Derwisch Schemseddin aus Täbris, der von Medrese zu Medrese zog, sich aber keinem Scheich unterordnete, veränderte sein Leben. Als Schems ihn in Konya traf, sagte er: «Ich sehe den Mond im Wasser der Schüssel». Er lud ihn zu einer Sema-Feier in der Şekerciler-Herberge ein. Mevlana holte Schems in sein Haus und bekannte: «In treuer Ergebenheit bin ich in dich verliebt». Er zog sich mit ihm in einen Raum zurück, vertiefte sich mit ihm tage- und nächtelang in Gespräche und tanzte Sema. Schems führte ihn in die Welt der mystischen Liebe und Ekstase ein.

Sechs Monate ging Mevlana nicht aus dem Haus. Er vernachlässigte Unterricht und Predigt und erließ keine Schied-

aşkla çeganeye sarıldım» diyordu. Mevlana gibi bir bilginin okuma yazma bilmeyen, cahil bir dervişle birlikteliği halk arasında tepkilere yol açtı. İşin çığırından çıktığını gören Şems, ansızın Konya'yı terketti.

Şems'in ayrılığına dayanamadı Mevlana. Onun Şam'da olduğu haberini alınca, oğlunu gönderip tekrar Konya'ya getirtti. Dış dünyadan yine elini eteğini çekti, dedikodular yeniden yayıldı.

Şems bir gece Mevlana'nın kıskanç öğrencileri tarafından öldürüldü, cesedi bir kuyuya atıldı. Şems'in tekrar kaybolması üzerine Mevlana kendinden geçti. Varını yoğunu çalgıcılara verip gece, gündüz sema döndü, feryad etti, naralar attı. Şaraba düştü. Ağlamaktan sesi kısıldı. Şems'in öldürülüp bir kuyuya atıldığı söylentilerine inanmadı. Şems'i bulmak için defalarca Şam'a gitti. Aylarca köşe bucak onu aradı. Sonunda aradığını kendinde buldu: «Ey arayan kişi, ben oyum, o ben. Mademki ben oyum, niye arıyorum öyleyse?» dizelerini yazıp Konya'ya döndü.

Bu aşkın coşkusuyla, Şemseddin adı altında kırk sekiz bin beyitli Divan-ı Kebir'e başladı. Dostunun kaybolmasından duyduğu büyük üzüntü, dünyevi şeylerden el çekerek bu ızdırap ve kederi yenme arzusu, beyitlerinin konusunu oluşturdu.

Mevlana, tasavvufi görüşleri yüzünden şeriatçıların hışmına uğradı ama, halk tarafından çok sevildi. Şeriat, müziği, raksı ve içkiyi kökünden yasak etmesine rağmen, onun ders verdiği medresede neyler, nefir-

sprüche. «Ich hatte immer den Koran in der Hand, jetzt habe ich, in Liebe versunken, das Tamburin ergriffen.» Die Verbindung eines Gelehrten mit einem des Lesens unkundigen Wanderderwisch brachte die Leute auf. Als Schems merkte, dass es durch ihn Unruhe gab, verließ er Konya.

Mevlana litt sehr unter der Trennung von Schems. Als er erfuhr, dass Schems sich in Damaskus aufhielt, schickte er seinen Sohn zu ihm und ließ ihn nach Konya zurückholen. Wieder brach Mevlana die Beziehung zur Außenwelt ab, und bald wurde erneut über ihn gelästert.

Eines Nachts wurde Schems von eifersüchtigen Schülern Mevlanas getötet, seine Leiche in einen Brunnen geworfen. Durch das erneute Verschwinden von Schems war Mevlana außer sich. Er gab alles, was er besaß, den Musikanten, tanzte Tag und Nacht ekstatische Tänze, klagte und schrie. Er verfiel dem Wein, seine Stimme wurde heiser vom Weinen. Dem Gerede, dass Schems getötet und in einen Brunnen geworfen worden sei, glaubte er nicht. Auf der Suche nach ihm ging er mehrmals nach Damaskus. Monatelang suchte er in jedem Winkel. Schließlich fand er das, wonach er suchte, in sich selbst. Er schrieb: «O Suchender, was du suchst, bist du selber. Wenn du das, was du suchst, selber bist, warum suchst du?» So kehrte er nach Konya zurück.

Mit dem Enthusiasmus dieser Liebe begann er unter dem Namen Schemseddin den Divan-ı Kebir mit seinen 48 000 Doppelzeilern zu schreiben. Die große Trauer über das Verschwinden des Freundes und der Wille, diesen Kummer durch den Verzicht auf alles Irdische zu überwinden, ist der Gegenstand dieser Verse.

Wegen seiner mystischen Anschauungen zog sich Mevlana den Zorn der Scheriatgelehrten zu, aber das einfache Volk liebte ihn sehr. Obwohl Musik, Tanz und Alkohol durch die Scheriat, die islamische Gesetzgebung, grundsätzlich verboten waren, wurde in der Medrese, in der er unter-

ler, rebablar çaldı, kudümler vurdu ve bu musiki-
nin eşliğinde şarap içilip sema dönüldü. Ortodoks
müslümanlık, insanları inançlarına göre sınıf-
landırırken Mevlana, insanları aşka, saygı ve
hoşgörüye çağırdı: «Gel, yine gel. Kim olursan
ol. İster kafir, ister mecuz, ister putperest ol, gel.
Bin kere yemin etsen, yeminini bin kere bozsan
da yine gel.»
Mevlana, eserlerini Farsça yazdı. Türkçe'yi
edebiyat dili olarak yetersiz gördü. Avrupa'da
semazen dervişler adıyla tanınan Mevlevilik
tarikatı ise onun ölümünden sonra oluştu.
Konya'daki yeşil kubbeli Mevlana Müzesi'-
nde bulunan sandukasına şu dizeler kazılmıştır:
«Kardeş, kabrime tefsiz, müziksiz gelme. Zira
tanrının meclisinde gamlı durmak yaraşmaz.»

İspanya'dan Türkiye'ye

İshak Haleva'nın işi başından aşkın; haham-
başılıktaki odasında aralıksız çalan telefonlara
yanıt vermeye çalışıyor, bazen hangi telefonun
çaldığını karıştırıyor. Ladino, İbranice ve Türkçe,
kendisini arayanların Kipur bayramını kutlu-
yor; bu, Musevilerin büyük oruç ve tövbe günü.
Sinagog ziyaretleri ile ilgili olarak, turistlere
İngilizce bilgi veriyor. Telefona hep «si» diye
çıkıyor. Telaşlı konuşması, el ve kol hareketle-
riyle daha çok bir İspanyolu çağrıştırıyor. İshak
Haleva bir Sefarad Musevi. Ataları beş yüz
yıl önce İspanya'dan kovulmuş. 1492'de İspan-
ya'yı Emeviler'den geri alan Kral Ferdinand ve
Kraliçe İsabella'nın hışmından kaçıp Osmanlı
İmparatorluğu'na sığınmışlar. Sultan II. Baye-

richtete, Flöte, Horn, Violine und Trommel gespielt, dazu wurde Wein getrunken und Sema getanzt. Während der orthodoxe Islam die Menschen nach ihrem Glauben beurteilte, rief Mevlana sie zu Liebe, Achtung und Toleranz auf: «Komm, wer immer du sein magst! Auch wenn du ein Ungläubiger, ein Feueranbeter oder ein Heide bist, komm! Auch wenn du tausendmal geschworen und tausendmal dein Gelöbnis gebrochen hast, komm dennoch!»

Mevlana schrieb seine Werke in persischer Sprache, da er das Türkische nicht für literaturfähig hielt. Der Orden der Mevlevi, in Europa als Orden der Tanzenden Derwische bekannt, entstand erst nach seinem Tod.

In den Holzsarkophag in Konya, im Mevlana-Museum mit seiner grünen Kuppel, sind folgende Verse eingraviert: «Bruder, komm nicht ohne Tamburin, nicht ohne Musik hierher. In Gottes Gesellschaft hat der Gram keinen Platz.»

Von Spanien in die Türkei

Ishak Chaleva hat alle Hände voll zu tun; in seinem Büro im Rabbinat von Istanbul klingeln unablässig die beiden Telefone, manchmal hebt er versehentlich das falsche ab. In Ladino, Hebräisch und Türkisch wünscht er seinen Gesprächspartnern am Telefon ein schönes Fest; es ist Jom Kippur, der große jüdische Sühne- und Bußtag. Auf englisch gibt er Auskunft, wann die Synagogen zu besichtigen sind. Er meldet sich immer mit «si». Da er schnell spricht und lebhaft gestikuliert, ähnelt er einem Spanier. Ishak Chaleva ist sephardischer Jude. Seine Vorfahren sind vor fünfhundert Jahren aus Spanien vertrieben worden. Sie flüchteten vor der Verfolgung durch König Ferdinand und Königin Isabella, die im Jahr 1492 Spanien von den Omajaden zurückeroberten, und fanden Zuflucht im Osmanischen Reich. Dem Aufruf von Sultan Bayezid folgend, kamen sie zuerst

zid'in çağrısı üzerine önce İstanbul'a gelmişler; buradan Selanik, İzmir ve öteki şehirlere yerleştirilmişler. İshak Haleva'ya atalarından geriye kalan, anadili Ladino. Göç üzerine bilgisi ise tarih kitaplarıyla sınırlı. Beş yüz yıldır bir ortaçağ İspanyolcası olan anadilleri Ladino'yu unutmamış Sefaradlar. Ama hahambaşı Haleva herhalde Ladino bilen son kuşağı temsil ediyor: «Alman Musevilerinin konuştuğu Yidiş gibi, İspanyolca da ölmek üzere. Şimdi evde sadece Türkçe konuşuyoruz. Benim çocuklarım Ladino anlıyorlar, ama konuşamıyorlar. Onların çocukları ise artık hiç anlamayacak.»

II. Bayezid'ten «mekanı cennet» diye bahsediyor hahambaşı Haleva. «Yüz binlerce insana sıcak bir yuva ve insan olduğu hissini verdi. Biz bunun ne anlama geldiğini bugün gayet iyi idrak ediyoruz. İspanya'da Hıristiyanlığı kabul etmediğimiz için tazyik altındaydık. Burda gayet rahat ve özgürce kendi örf, adet ve dinimizi sürdürdük». Bu ülkede Sefaradların nice diplomat, hekim ve bilgin yetiştirdiğini sayıyor. II. Bayezid'in, Kral Ferdinand için söylediği «Musevileri atmakla kendi ülkesini yoksullaştırdı, benimkini zenginleştirdi» sözünün yanlış yorumlandığını düşünüyor, hahambaşı Haleva: «İspanya'dan Türkiye'ye yarım milyon Sefaradın göçtüğü tahmin ediliyor. Canını zor kurtardı bu insanlar, evlerinin anahtarlarından başka hiç bir şey almadılar. Bunlar arasında elbette hekim ve bilginler de vardı ama, hepsi tahsilli kişiler değildi ki.»

Türkiye'de bugün yirmi bir bini İstanbul'da geri kalanı İzmir, Bursa, Ankara, Edirne ve Geli-

nach Istanbul; von dort aus wurden sie in Saloniki, Izmir und anderen Städten angesiedelt. Was Ishak Chaleva von seinen Vorfahren blieb, ist seine Muttersprache, das Ladino. Sein Wissen über die Vertreibung bezieht er aus den Geschichtsbüchern.

Seit fünfhundert Jahren haben die Sephardim ihre Muttersprache Ladino, ein altertümliches Spanisch, nicht vergessen. Aber die Generation von Oberrabbiner Chaleva ist wahrscheinlich die letzte, die diese Sprache noch beherrscht: «Wie das Jiddische der deutschen Juden, so stirbt auch das Ladino allmählich aus. Heute reden wir zu Hause nur noch Türkisch. Meine Kinder verstehen zwar Ladino, aber sprechen können sie es nicht. Und ihre Kinder werden nichts mehr verstehen».

Über Sultan Bayezid sagt Oberrabbiner Chaleva: «Sein Platz ist im Paradies. Hunderttausenden von Menschen hat er ein warmes Nest gegeben und das Gefühl, dass sie Menschen sind. Was das bedeutet, können wir heute besonders gut begreifen. In Spanien wurden wir unterdrückt, weil wir die christliche Religion nicht angenommen haben. Hier konnten wir in Frieden und Freiheit unsere Traditionen und unsere Religion ausüben». Er zählt auf, wie viele Diplomaten, Ärzte und Wissenschaftler dieses Landes die Sephardim hervorgebracht haben. Der Satz Bayezids II. über König Ferdinand, mit der Vertreibung der Juden habe er sein Land arm, das des Sultans aber reich gemacht, werde meist falsch verstanden, meint Oberrabbiner Chaleva: «Man schätzt, dass eine halbe Million Juden aus Spanien in die Türkei gekommen sind. Sie haben ihren Kopf gerettet und die Schlüssel ihrer Häuser mitgenommen, sonst nichts. Unter ihnen gab es auch Ärzte und Wissenschaftler, aber nicht alle waren gebildete Menschen.»

Von den insgesamt etwa 30 000 Juden, die es heute noch in der Türkei gibt, leben 21 000 in Istanbul, die anderen

bolu'da olmak üzere yaklaşık otuz bin civarında Musevi yaşıyor. Türkiye'deki en büyük Musevi cemaatını Sefaradlar oluşturuyor. İstanbul'da on sekiz sinagog faaliyet gösteriyor. Bunların en eskisi Balat, Kürkçü Çeşme sokaktaki 15. yüzyıldan kalma Ahrida sinagogu. Bir gemi pruvasını andıran tevası, Sefaradları İspanya'dan Osmanlı İmparatorluğu'na getiren kadırgaları simgeliyor.

İki Almanya yolculuğu

Siyaset adamı ve gazeteci Hüseyin Cahit Yalçın 1911 yılında yaptığı Almanya gezisini anılarında şöyle anlatıyor:

«Bu sırada ben, bir kurulun başında Almanya gezisine çıktım. Bir Türk-Alman dostluk derneği kurulması için bazı Almanlar çalışıyorlardı. Buna temel olmak üzere bir Türk heyetini Almanya'ya konuk çağırdılar. Bu heyette mebuslar, memurlar, subaylar, tüccarlar, aydınlar ... vardı. Elli kişiden çok bir kalabalıkla 15 Haziran 1911'de İstanbul'dan ayrıldık.

Almanlar bizi hoşnut etmek ve Almanya'nın büyük ilerleyişiyle gözlerimizi kamaştırmak için ne yapmak gerekliyse hiç birini esirgemediler. Yüksek mevkilerdeki kişilerden oluşan bir konukçular kurulu atanmıştı. Bu kurul günün her dakikasına kadar ayrıntılı bir program çizmişti. Berlin'de sabahleyin saat sekizde, yaşlı ama dinç Goltz Paşa'nın dimdik, ağırbaşlı hazır olduğunu görürdük. Öğle ve akşam şölenleri bir kez bile eksik olmadı. Almanların en göze çarpan düşkünlüklerinden biri yemeklerde söylev çekmekti. Konuşmalar çorba tabağında başlıyor, her tabak değiştikçe bir söylev

in Izmir, Bursa, Ankara, Edirne und Gelibolu. Die größte jüdische Gemeinde in der Türkei bilden die Sephardim. In Istanbul wird noch in achtzehn Synagogen Gottesdienst gefeiert. Die älteste ist die Ahrida-Synagoge in Balat in der Kürkçü Çeşme Sokak aus dem 15. Jahrhundert. Das Lesepult hat die Form eines Schiffsbugs; damit soll an die Schiffe erinnert werden, mit denen die Sephardim aus Spanien ins Osmanische Reich gekommen sind.

Zwei Besuche in Deutschland

Der Politiker und Journalist Hüseyin Cahit Yalçın erzählt in seinen Erinnerungen von seinem Deutschlandbesuch im Jahr 1911:

«Ich reiste an der Spitze einer Delegation nach Deutschland. Dort gab es Bestrebungen, einen türkisch-deutschen Freundschaftsbund ins Leben zu rufen. Aus diesem Anlass wurde eine türkische Delegation nach Deutschland eingeladen. Die Teilnehmer waren Abgeordnete, Beamte, Offiziere, Kaufleute, Intellektuelle … Mit einer fünfzigköpfigen Gruppe brachen wir am 15. Juni 1911 von Istanbul auf.

Die Deutschen taten alles, um uns zufriedenzustellen und uns durch die Fortschritte Deutschlands in Erstaunen zu versetzen. Ein Empfangskomitee aus hochrangigen Persönlichkeiten stand bereit, das für jede Minute des Tages einen genauen Plan ausgearbeitet hatte. Schon früh um acht Uhr begrüßte uns in Berlin der alte, aber rüstige General von der Goltz in strammer Haltung und mit würdiger Miene. Kein Mittag- und Abendessen verging ohne großen Empfang. Das Auffälligste an den Deutschen ist ihre Angewohnheit, während des Essens lange Ansprachen zu halten. Diese Ansprachen fingen schon bei der Suppe an, und zu jedem neuen Gang gab es eine neue Rede; die

dinleniyor, doğallıkla Türkçeye çevriliyor, bizim cevabımız da Almanca ile bir kez daha yineleniyordu. Akşam yemeklerinin saat 23'e kadar sürdüğü çok oluyordu. Bu koşullar içinde şölenler, bir keyif olmaktan çıkarak sanki bir yük haline geliyordu.»

Türkiye, Almanya safında Birinci Dünya Savaşı'na katıldı. Savaş sırasında Hüseyin Cahit Yalçın ikinci kez Almanya'yı ziyaret eder.

«Alman hükümeti bizi, Münih'ten başlayıp, başlıca bütün Alman merkezlerinde dolaştırdı. Kent baştan aşağı Türk bayraklarıyla donanıyordu. Münih belediye dairesinde ihtişamlı bir kabul resmi düzenlendi. Belediyenin merdiveni donatılmıştı, iki yana beyaz tüller içinde küçük kız çocukları dizilmiş, biz basamaklardan çıktıkça çiçekler serpiyorlardı ... Daha sonra Essen'e götürdüler bizi. Saatlerce Krupp fabrikasını gezdirdiler. Gözlerimize gözlük takıp, erimiş demirlerin dökülmesini seyrettirdiler. Kiel'de iki küçük denizaltı göstererek fısıldadılar: ‹Bu sizin içindir!› Berlin, Wilhelmstrasse'de çaylar içtik, karşılıklı söylevler verdik. Benim burada verdiğim bir söylev, Alman propagandası için pek işe yaradı. Çünkü: ‹Biz Türkler, bağlaşıklarımızdan barış istemiyoruz, zafer istiyoruz› demiştim. Oysa barışı ne kadar istiyorduk!»

wurde natürlich ins Türkische übersetzt, worauf unsere Antwort dann wiederum auf deutsch wiederholt wurde. So zog sich das Abendessen häufig bis 23 Uhr hin. Unter diesen Bedingungen waren die Banketts weniger behaglich als vielmehr extrem anstrengend.»

Die Türkei trat an der Seite Deutschlands in den Ersten Weltkrieg ein. Mitten im Krieg besucht Hüseyin Cahit Yalçın Deutschland ein zweites Mal:

«Die deutsche Regierung organisierte für uns von München aus eine Rundreise durch die deutschen Großstädte. Überall auf den Straßen wehten türkische Fahnen. Im Münchner Rathaus hatte man eine prächtige Empfangszeremonie für uns vorbereitet. Die Rathaustreppe war geschmückt, auf beiden Seiten standen Mädchen in weißem Tüll, die uns, während wir die Treppe hinaufstiegen, Blumen zuwarfen ... Dann brachte man uns nach Essen. Wir wurden stundenlang in den Krupp-Werken herumgeführt. Wir bekamen Schutzbrillen, und man zeigte uns, wie Eisen gegossen wird. In Kiel wurden uns zwei kleine U-Boote vorgestellt, und man flüsterte uns ins Ohr: ‹Die sind für euch›. In der Wilhelmstraße in Berlin tranken wir Tee, wieder wurden Ansprachen gehalten. Die Rede, die ich dort hielt, war der deutschen Propaganda sehr nützlich. Denn ich sagte: ‹Wir Türken wollen von unseren Verbündeten nicht den Frieden; wir wollen den Sieg.› Wenn sie gewusst hätten, wie sehr wir den Frieden wollten!»

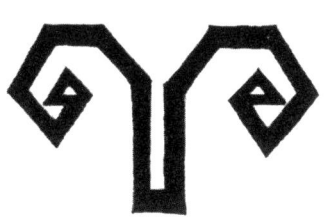

«Sarışın bir kurda benziyordu, ve mavi gözleri
çakmak çakmaktı. Yürüdü uçurumun başına kadar,
eğildi, durdu...»

Nazım Hikmet, Kurtuluş Savaşı Destanı'nda bu
coşkulu dizelerle anlatır, Cumhuriyet'in kurucusu
Mustafa Kemal'i.

Bugün Türkiye'de hemen her okulun bahçesinde,
her şehrin girişinde, her resmi binanın önünde
bir Atatürk büstü vardır. Her sınıfta, her büroda,
her işyerinde onun bir resmi asılı veya sözleri
yazılıdır: «Ne mutlu Türküm diyene», «Türk
öğün, güven, çalış», «Türküm, doğruyum, çalış-
kanım» gibi. Bu sözler 20'li ve 30'lu yıllarda şekil-
lenmiştir ve ulusal bilinci gelişmemiş olan bir
halka milli duyguları aşılamak amacını taşımıştır.
Türklerin kimliklerini, Fatih Sultan Mehmet ya da
Kanuni Sultan Süleyman'da değil de, Atatürk'te
bulmaları anlamlıdır.

Unutmamak gerekir ki, iki dünya savaşı
arasındaki dönem Avrupa'nın en azgın yayıl-
macılık çağıydı. Birinci Dünya Savaşı'nın ardından
tüm Osmanlı topraklarını, İngilizler, Fransızlar,
İtalyanlar ve daha sonra Yunanlılar istila etmiş ve
Sevr Antlaşmasıyla ülkeyi kendi aralarında pay-
laşmışlardı. İşte Mustafa Kemal, Anadolu'ya geçe-
rek, Türkü, Kürdü, Çerkezi ve Lazı ile Düveli
Muazzamaya, karşı bir isyan, bir savunma baş-
lattı. Dört yıl süren Bağımsızlık Savaşı'ndan galip
çıktı. Bu, Mustafa Kemal dönemidir.

Mustafa Kemal'i, Atatürk, yani «Türklerin
atası» kılan ise, onun Türkiye'yi modern dünyaya
taşımasıdır. «Atatürk Devrimleri» denen radikal
reformlarla ilk önce saltanat kaldırıldı. Köhne

« Er glich einem blonden Wolf, und seine blauen Augen
sprühten Funken. Er trat an den Rand des Abgrunds, beug-
te sich, stand so ».

Mit diesen pathetischen Versen beschreibt Nazım Hik-
met in seinem Epos auf den Befreiungskampf den Gründer
der Türkischen Republik, Mustafa Kemal.

Heute steht in der Türkei beinahe in jedem Schulhof, an
jedem Ortseingang, vor jedem öffentlichen Gebäude eine
Büste Atatürks. In jeder Schulklasse, in jedem Büro, in
jedem Geschäft hängt ein Bild oder ein Spruch Atatürks, et-
wa : « Wie glücklich ist der, der sagen kann, ich bin Türke »
oder « Türke, sei stolz, hab Selbstvertrauen und arbeite »
oder « Ich bin Türke, ich bin ehrlich und fleißig ». Diese
Sprüche wurden in den 20er und 30er Jahren geprägt und
sollten dem Volk ein Nationalbewusstsein verschaffen. Die
Identität der Türken beruft sich weniger auf Sultan Meh-
met den Eroberer oder auf Süleyman den Prächtigen als
auf Atatürk.

Man darf nicht vergessen, dass die Zeit zwischen den
beiden Weltkriegen die Epoche eines starken europäischen
Expansionsdrangs war. Im Anschluss an den Ersten Welt-
krieg besetzten Engländer, Franzosen, Italiener und später
die Griechen das Territorium des Osmanischen Reiches
und teilten es im Abkommen von Sèvres unter sich auf. Da
zettelte der Offizier Mustafa Kemal in Anatolien mit den
Türken, Kurden, Tscherkessen und Lasen einen Aufstand
gegen die Großmächte an. Aus dem vier Jahre dauernden
Unabhängigkeitskrieg ging er als Sieger hervor. So begann
die Ära Mustafa Kemals.

Was Mustafa Kemal zu Atatürk, dem « Vater der Türken »
machte, ist die Tatsache, dass er die Türkei in die moderne
Welt getragen hat. Die erste der radikalen sogenannten
Atatürk-Reformen war die Abschaffung des Sultanats.

bir imparatorluğun yerine ulusal bir Türk devleti kuruldu. Bir ulusu değil, bütün müslümanlığı temsil eden halifeliğin kaldırılması, bu reformların en önemlisidir. Zira halifelik, çağdaşlaşmanın birinci derecedeki engeliydi. Onun kaldırılmasıyla, sonraki yapılacak reformların önü açıldı: laiklik, harf devrimi, şapka devrimi, takvim, kadın hakları gibi. 1934 yılında – birçok Avrupa ülkelerinden daha önce – kadınlara seçme ve seçilme hakkı tanındı. Bugün Türkiye – bir takım kesintilere ve eksiklere rağmen – demokrasinin uygulandığı tek müslüman ülkedir ve bunu Atatürk reformlarına borçludur. Laik-demokratik bir devlet taslağı olan Kemalizm, İslam dünyasının ilk siyasi reform taslağıdır. Bu, şunu göstermiştir ki, İslam, demokrasi ile bağdaşabilir.

Türkler, üç yüz yıldır Batı'yı yakalama çabası veriyorlar. Bunun sonucu olarak, Türkiye bugün kendisini Ortadoğu'nun değil, Avrupa'nın bir parçası görüyor. Avrupa Birliğine (AB) tam üyeliğiyle batılılaşma süreci tamamlanmış olacaktır.

An die Stelle der unzeitgemäß gewordenen Osmanischen Monarchie trat ein türkischer Nationalstaat. Das Wichtigste war sodann die Aufhebung des Kalifats (der geistlichen Oberhoheit), das nicht auf eine Nation begrenzt war, sondern die gesamte islamische Welt umfasste. Das Kalifat war das größte Hindernis für jeglichen Fortschritt gewesen. Jetzt war der Weg frei für eine Reihe von Reformen: den Laizismus, die Schriftreform, die Kleiderreform, die Kalenderreform und die Frauenrechte. 1934 wurde den Frauen in der Türkei das aktive und passive Wahlrecht zuerkannt – früher als in manchen Ländern Europas. Wenn die Türkei heute – trotz einigen Unterbrechungen und Mängeln – das einzige islamische Land mit demokratischer Verfassung ist, so ist dies den Reformen Atatürks zu verdanken. Der Kemalismus, das Konzept eines laizistisch-demokratischen Staates, ist das erste politische Reformkonzept der islamischen Welt. Es zeigt, dass Islam und Demokratie durchaus vereinbar sind.

Die Türken bemühen sich seit dreihundert Jahren um den Anschluss an den Westen. Heute versteht sich die Türkei nicht als Teil des Nahen Ostens, sondern als Teil Europas. Mit der vollen Mitgliedschaft in der Europäischen Union (EU) wird der Europäisierungsprozess abgeschlossen sein.

Anadolu'da bir köy düğünü

Doğu masallarında düğünler kırk gün kırk gece sürer. Uzun ayrılıklar, hasret ve maceralardan sonra, düğün hep mutlu sonu oluşturur. Elbette kırk gün, kırk gece düğün yapılamaz. Ama bu deyim, düğün gibi anlamlı bir şölenin tek bir güne sığdırılamayacağının ifadesidir.

Anadolu'da dört gün, dört gecedir bu tören. Genellikle perşembe günü başlar ve pazar günü biter. Dolgun gümbürtüsüyle davul, yanık sesiyle zurna, bu şenliğin müzikal çerçevesini oluşturur. Davul, düğün evinin sevincini, zurna kız evinin ve gelinin yüreğindeki üzüntüyü dile getirir. Zira düğün kız için ayrılıktır.

Düğün sadece dar bir aile camiası arasında kutlanmaz, bütün köy sakinleri aktif katılır. Düğün başlamadan bir gün önce tüm köylü yemeğe davet edilir. Önce kahve, daha sonra düğün çorbası içilir. Et, un, yoğurt katılarak yapılan ve üzerine kızgın yağ dökülen bir çorba çeşididir bu. Ev sahibi bu yemekte hangi köyleri davet ettiğini ve bu dört gün boyunca yapılacak yarışlar için verilecek ödülleri açıklar. Davetlilerin görüşlerini alır. Bu bir danışma akşamıdır, hem köylüler hem de düğün sahibi için. Yemekten sonra davetliler hayırlı olsun dileklerini iletirler. Bu, davulun çalması için bir işarettir aynı zamanda. Davul ilk kez o zaman vurur: Düğün başlamıştır artık. Davulun gümbürtüsüyle birlikte akşamın eğlenti faslına geçilir. Harmanın ortasında büyük bir ateş yakılıp etrafında kadınlı erkekli bir halka oluşturulur. Serçeparmaklar birbirine kenetlenip, halaya durulur. Halay başının işaretiyle, halay

Eine anatolische Dorfhochzeit

Die Hochzeiten in orientalischen Märchen dauern vierzig
Tage und vierzig Nächte. Das Happy-End nach langer Tren-
nung, Sehnsucht und Gefahr ist immer die Hochzeit. Natür-
lich wird nicht vierzig Tage und Nächte lang gefeiert. Die
Redewendung besagt, dass ein so bedeutsames Fest nicht
in einen einzigen Tag hineingezwängt werden kann.

In Anatolien dauern die Feierlichkeiten vier Tage und
vier Nächte. Meist beginnen sie am Donnerstag und enden
am Sonntag. Das dumpfe Getrommel der Davul und der
rührend innige Oboenton der Zurna bilden den musikali-
schen Rahmen des Festes. Die Davul bringt die Freude im
Haus des Bräutigams zum Ausdruck, die Zurna die Traurig-
keit im Haus der Braut und auch in ihrem Herzen: die
Hochzeit bedeutet den Abschied von Zuhause.

Hochzeit wird nicht im engsten Familienkreis gefeiert,
sondern das ganze Dorf nimmt daran teil. Einen Tag, bevor
die eigentlichen Feierlichkeiten beginnen, werden alle Dorf-
bewohner zum Essen eingeladen. Erst wird Kaffee getrunken,
später die Hochzeitssuppe gegessen, die aus Fleisch, Mehl
und Joghurt zubereitet und mit heißer Butter serviert wird.
Der Gastgeber erklärt, welche Nachbardörfer eingeladen
sind und welche Preise bei den Wettkämpfen im Laufe die-
ser vier Tage verteilt werden. Er nimmt die Vorschläge der
Gäste entgegen. Es ist ein Beratungsabend für die Dorfbe-
wohner wie auch für den, der die Hochzeit ausrichtet. Nach
Tisch überbringen die Gäste ihre Glückwünsche für ein ge-
segnetes Fest. Dies ist das Signal für die Trommel, die jetzt
zum ersten Mal geschlagen wird: Die Hochzeitsfeier hat be-
gonnen. Mit den Schlägen der Davul geht man zum vergnüg-
lichen Teil des Abends über. Auf dem Dreschplatz wird ein
großes Feuer angezündet, Männer und Frauen bilden einen
Kreis. Man fasst sich am kleinen Finger und stellt sich zum
Tanz auf. Der Anführer des Halay gibt ein Zeichen, und die

dizisi hareket eder. Davul ve zurnanın ritim-
lerine uygun, ağır, salıntılı adımlarla başlar
halay ve gittikçe yükselen tempolarla hızlanır.
Sıçramalar sıklaşır, hareketler keskinleşir.
Şölenin bir başka önemli etkinliği de düğün
hamamıdır. Davul zurna eşliğinde önce damat
yıkanır. Gelin yıkanırken kadınlar ikili tür-
küler söylerler. Damat ve geline düğün elbi-
seleri giydirilir. Damat ata binip önde davulcu
ve oyuncularla köyü dolaşır. Yol boyunca da-
matın boynuna ipekten kumaş hediyeler takılır,
armağanlar verilir. O gün çevre köylerden
düğüncüler de akın akın gelmeye başlarlar.
Davetliler köyün dışında törenle karşılanır
ve misafir alınır.

Kına gecesi, gelin için ana ve babasının evin-
de geçireceği son gecedir. Bu şenliğe sadece
kadınlar katılır. Gelinlik giyen kızın el ve ayak-
larına kına yakılır. Konuklara şerbet ve yiye-
cekler sunulur. Türküler söylenip göbek atılır.

Düğün töreninin doruk noktası gelinin
evinden alındığı gündür. Sabahın erken saat-
lerinde, önde düğün sahibi, kadınlı erkekli
kalabalık, kız evinin kapısına dayanır. Gelin,
gün doğmadan alınıp düğün evine indiril-
mek zorundadır. Bu törende gelinin tüm ya-
kınları evde hazır bulunur: Gelinin duvağı
bağlanır, al yeşil renkli tacı takılır. Kardeş-
leri beline kırmızı, yeşil kuşak bağlarlar. Bu
hazırlıklar boyunca zurna hep yanık havalar
çalar, davul hafifçe ona eşlik eder. Gelin,
anne ve babasının elini öper, yakınlarıyla
vedalaşır. Evden çıkmadan önce ocağı, sonra
eşiği öper.

Kardeşleri kolunda, dışarı çıkıp özel ola-

Gruppe setzt sich in Bewegung. Zu den rhythmischen Klängen von Davul und Zurna beginnen die Tänzer mit langsam wiegenden Schritten und beschleunigen dann allmählich. Das Hüpfen wird schneller, die Bewegung heftiger.

Ein anderer Teil der Feier ist das Hochzeitsbad. Von Davul und Zurna begleitet, wird erst der Bräutigam gewaschen. Wenn die Braut gewaschen wird, singen die Frauen jeweils zu zweit Lieder. Dem Bräutigam und der Braut werden Hochzeitsgewänder angezogen. Der Bräutigam steigt aufs Pferd und reitet langsam durch das Dorf, vor ihm her gehen der Trommler und die Tänzer. Unterwegs hängt man ihm Seidenstoffe um den Hals und überreicht ihm weitere Geschenke. An diesem Tag treffen die vielen aus den Nachbardörfern geladenen Gäste ein. Sie werden am Dorfeingang abgeholt und von den Einwohnern begrüßt.

Mit dem Hennaabend beginnt für die Braut die letzte Nacht im Elternhaus. An der Feier nehmen nur die Frauen teil. Der Braut werden Hände und Füße mit Henna rot gefärbt. Den Gästen wird Zuckerwasser und Essen angeboten. Es wird gesungen, und man tanzt Bauchtanz.

Der Höhepunkt des Festes ist der Tag, an dem die Braut aus dem Elternhaus abgeholt wird. Zu früher Stunde begeben sich Männer und Frauen dorthin und stellen sich, dicht gedrängt, hinter dem Vater des Bräutigams auf. Noch vor Sonnenaufgang muss die Braut abgeholt und zum Haus des Bräutigams gebracht werden. Alle Verwandten der Braut nehmen an der Zeremonie teil, die nun stattfindet: Der Braut wird der Schleier umgelegt und eine rotgrüne Krone aufgesetzt. Die Brüder binden ihr eine rotgrüne Schärpe um die Hüfte. Dazu spielt die Zurna unablässig traurige Melodien, begleitet von den leisen Schlägen der Trommel. Die Braut küsst Mutter und Vater die Hand und verabschiedet sich von den Verwandten. Bevor sie das Haus verlässt, küsst sie zum Abschied auch den Herd und die Türschwelle.

Von ihren Brüdern begleitet, tritt die Braut aus dem Haus

rak hazırlanmış atına biner gelin. Bir başka
ata ise çeyizi yüklenir. Önde atlılar gelin
alayı hareket eder. Alay düğün evine ulaşır.
Damatın gelmesini bekler. Damat gelinceye
kadar gelin attan inmez. Bir arkadaş alayı
ile çıkıp gelen damat, gelinin üzerine elma,
bozuk para veya altın atar. Sonra gelin
atının önünde bir küp kırılır – onun da
kötü huyları böyle kırılsın anlamında.
Tatlı dilli olsun diye şerbet içirilir. Gelin
eve girdikten sonra günün eğlenti bölümü
başlar.

Artık güreş tutmanın zamanıdır. Meşinden
kispet giyen pehlivanlar yağlanıp kurayla eş-
leştirilir. Arkasından at yarışları düzenlenir,
atışlar yapılır. Sonunda ödüller dağıtılır. Akşam
verilen şatafatlı bir yemekle de düğün sona
erer. Davul zurna bir yeni düğüne kadar susar.

Madem doğu masalıyla başladık söze, öyle de
bitirelim: «Onlar ermiş muradına, darısı bizim
başımıza…»

und besteigt ein eigens für sie hergerichtetes Pferd. Auf ein zweites wird die Aussteuer gepackt. Der Zug mit den Reitern an der Spitze setzt sich in Bewegung. Er gelangt zum Haus des Bräutigams. Alle warten auf dessen Ankunft. Erst wenn er da ist, darf sie absteigen. Wenn er dann mit seinen Begleitern eintrifft, wirft er behutsam einen Apfel und Münzen oder Goldstücke auf sie. Vor ihrem Pferd wird ein Krug auf die Erde geworfen; so wie er zerbricht, sollen ihre schlechten Eigenschaften zerschlagen sein. Damit nie ein böses Wort über ihre Lippen kommt, gibt man ihr Zuckerwasser zu trinken. Hat sie endlich ihr neues Zuhause betreten, beginnt der vergnügliche Teil des Tages.

Jetzt werden Ringkämpfe veranstaltet. Die Ringer, in engen Lederhosen, werden eingeölt und durch das Los zu Gegnerpaaren bestimmt. Nach den Ringkämpfen gibt es Pferderennen und Wettschießen. Zum Schluss werden die Preise verteilt. Mit einem festlichen Abendessen endet die Hochzeit. Davul und Zurna schweigen bis zur nächsten Feier.

Wir haben mit dem Märchen begonnen, wir möchten auch damit enden: « So lebten sie glücklich und zufrieden; möge uns das gleiche Glück beschieden sein ... »

Süleymaniye Camii ve Mimar Sinan

İstanbul'un Süleymaniye semtinde bulunan Süleymaniye camii Mimar Sinan'ın ünlü eserlerinden biridir. Sinan bu camiyi Kanuni Sultan Süleyman adına 1550–1557 yılları arasında inşa etmiştir. Caminin ince uzun dört minaresi Kanuni Sultan Süleyman'ın İstanbul'un fethinden sonraki dördüncü padişah olduğunu anlatır. İki minaredeki üçer, öteki ikisindeki ikişer şerefeden toplam on şerefe ise, yine Kanuni'nin Osmanlı padişahlarının onuncusu olduğunu simgeler.

Sinan minareleri caminin bulunduğu avlunun dört köşesine yerleştirmiştir. Caminin yakınındaki iki minare daha uzun ve üçer şerefelidir. Diğer iki minare ise daha kısa ve ikişer şerefelidir.

Avluya üç kapıdan girilir. Ortadaki kapı en büyüğüdür. Kapının üstü mermer işlemelidir ve Selçuklu işlemesini andırır. Avlunun ortasında, dikdörtgen şeklinde, tunç kafesli güzel bir şadırvan vardır.

Sinan orta kubbeye beş metre çapında, ağızları içeri dönük altmış dört küp yerleştirerek camiye mükemmel bir ses düzeni kurmuştur. Bu büyük kubbenin altındaki bir fısıltı caminin her tarafında kolaylıkla duyulabilir. Caminin avlusu etrafındaki okul, hastane, hamam, kütüphane, çeşme ve aşevi yapıları cami ile bir bütün oluşturur.

Süleymaniye camiinin öyküsü şöyledir: Bir gün sultan altmış yaşındaki ünlü mimar Sinan'ı saraya çağırtır ve çok görkemli bir cami yaptırmak isteğini Sinan'a açıklar. Sinan camiyi inşa edeceği

Die Süleymaniye-Moschee und der Baumeister Sinan

Die Süleymaniye-Moschee, die sich im Istanbuler Stadt-
viertel Süleymaniye befindet, ist eines der bekanntesten
Bauwerke des Baumeisters Sinan. Sinan baute die Moschee
im Auftrag Sultan Süleymans des Prächtigen (des Gesetz-
gebers) in den Jahren zwischen 1550 und 1557. Die vier
schlanken Minarette deuten an, dass Sultan Süleyman der
vierte Sultan nach der Eroberung Konstantinopels war.
Die jeweils drei Umgänge an zwei Minaretten und die je
zwei Umgänge an den beiden anderen Minaretten – also
insgesamt zehn Umgänge – symbolisieren seine Amtszeit
als Sultan, die die zehnte im Osmanischen Reich war.

Sinan setzte die Minarette in die vier Ecken des Hof-
raumes, in dem die Moschee steht. Die beiden, die näher
an der Moschee liegen, sind höher und haben je drei Um-
gänge, die anderen beiden sind weniger hoch und haben
je zwei.

In den Hof führen drei Tore. Das mittlere ist das größte,
sein oberer Teil besteht aus ziseliertem Marmor, eine Ver-
zierung, die an die seldschukischen Ornamente erinnert. In
der Mitte des Hofes befindet sich eine schöne rechteckige
Brunnenanlage mit einem Bronzegitter.

In die Zentralkuppel ließ Sinan 64 Tongefäße von jeweils
fünf Meter Durchmesser einbauen, deren Öffnungen
nach innen zeigen; damit erreichte er eine ausgezeichnete
Akustik. Wenn man unter der großen Kuppel auch nur
flüstert, kann man es überall in der Moschee gut hören.
Die Bauten um den Moscheenhof herum – Schule, Kranken-
haus, Hamam, Bibliothek, Brunnen und Armenhaus –
bilden mit der Moschee ein architektonisches Ensemble.

Die Geschichte der Moschee ist folgende: Eines Tages
ließ Süleyman den bereits berühmten sechzigjährigen Sinan
ins Schloss rufen und sagte ihm, er habe die Absicht, eine
prächtige Moschee bauen zu lassen. Sinan erbat sich eine

en uygun yeri bulmak için bir hafta izin isteyip İstanbul'u dolaşır. Ayasofya gibi ilk bakışta göze çarpmalı ve memleketi Kayseri'nin Erciyes dağı gibi görkemli olmalı, diye düşünür. Bu düşüncelerle şehrin üçüncü tepesine çıkar. Tüm Haliç ve Marmara denizi ayaklarının altındadır. İşte Sinan en uygun yeri bulmuştur.

Padişah düşünceyi beğenir. Sinan, padişaha sekiz yıl gibi kısa bir sürede camiyi tamamlayacağına söz verip hemen işe başlar. Ülkenin her tarafından en iyi taş ustaları, duvarcılar, en güçlü işçiler İstanbul'a çağrılır. Tepe arı kovanı gibidir. Gece gündüz çalışılır. Bir yılda temel kazılır. Duvarcılar kesme taşlarla temeli örerler. Temel bitince Sinan işi durdurur. Usta ve işçilere ücretlerini ödeyip onları memleketlerine gönderir. Bu herkesi şaşırtır. Tepe henüz bomboştur. Bir çoğu: «Sinan yaşlandı, bu işi bitiremez» der. Sinan ise temelin yerleşmesi için işi durdurmuştur. Kış bitince tüm işçiler tekrar İstanbul'a dönerler.

Ortadaki büyük kubbeye destek olacak dört büyük sütun gerekiyordur. Bunlardan ikisini Sinan İstanbul'da bulur. Bu sütunlar Bizanslılar'dan kalmadır. Öteki sütunların biri İskenderiye'den, ikincisi Balbek'ten getirtilir. Ak mermerler Marmara Adası'na ısmarlanır, yeşil mermerler de Arabistan'dan getirtilir.

Sekiz yıl sonra caminin yapımı bitmiş, açılış töreni başlamıştır. Sinan altın anahtarı padişaha uzatır. Kanuni başını sallayıp, «Sinan» der, «bu senin eserin, kapıyı açmak şerefi de sana aittir».

«Koca» Sinan 1489 yılında Kayseri'nin Ağrınaz köyünde doğmuş ve devşirme yoluyla Os-

Woche Bedenkzeit, um den geeigneten Platz dafür zu finden, und sah sich überall in Istanbul um. Die Moschee sollte wie die Hagia Sophia weithin sichtbar sein, und sie sollte erhaben sein wie der Berg Erciyes in seiner Heimatstadt Kayseri. In diesen Gedanken bestieg er den dritten Hügel der Stadt. Das Goldene Horn und das Marmarameer lagen zu seinen Füßen. Hier war der geeignete Platz.

Dem Sultan gefiel der Vorschlag. Sinan versprach, in der kurzen Zeit von acht Jahren den Bau zu vollenden. Er machte sich gleich an die Arbeit. Aus dem ganzen Land wurden die tüchtigsten Steinmetze und Maurer und die kräftigsten Arbeiter nach Istanbul geholt. Auf dem Hügel wimmelte es wie in einem Bienenkorb. Tag und Nacht wurde gearbeitet. Innerhalb eines Jahres war das Fundament gegraben. Die Maurer mauerten es mit Quadersteinen aus. Als sie fertig waren, ließ Sinan die Arbeit ruhen. Er zahlte den Meistern und den einfachen Arbeitern ihren Lohn und schickte sie heim. Alle wunderten sich. Der Hügel war leer, unbebaut. Viele sagten: «Sinan ist alt geworden, er wird das Bauwerk nicht mehr fertigstellen.» Aber Sinan ließ die Arbeit ruhen, damit das Fundament sich setzen konnte. Als der Winter vorbei war, kehrten alle Arbeiter nach Istanbul zurück.

Als Stütze für die Zentralkuppel benötigte Sinan vier mächtige Säulen. Zwei davon fand er in Istanbul. Sie stammten aus byzantinischer Zeit. Eine weitere wurde aus Alexandrien, die vierte aus Baalbek herbeigeschafft. Der weiße Marmor wurde von den Marmarainseln, der grüne Marmor aus Arabien geholt.

Nach acht Jahren war der Bau fertig. Die Einweihung konnte gefeiert werden. Sinan überreichte dem Sultan den goldenen Schlüssel. Der Sultan schüttelte den Kopf: «Es ist dein Werk. Dir gebührt die Ehre, die Tür zu öffnen.»

Sinan «der Große», 1489 in dem Dorf Ağrınaz bei Kayseri geboren, war durch Knabenaushebung in den Dienst

manlı hizmetine alınmıştır. İstanbul'daki saray okulunda eğitilmiş ve Yeniçeri ordusunda görev yapmıştır. Köprü yapımı ve buna benzer askeri mühendislik işlerinde kendini göstermiş, 1539 yılında Mimarbaşı unvanını almıştır. Mekke ile Balkan Yarımadası arasında, Osmanlı İmparatorluğu'nun çeşitli yerlerinde seksen dört cami, elli bir mescit, elli yedi medrese, yedi okuma odası, yirmi iki türbe, on yedi imaret, beş su yolu, sekiz köprü, on sekiz kervansaray, üç hastane, otuz beş saray, sekiz mahzen ve kırkaltı hamam olmak üzere toplam üç yüz altmış bir yapıt inşa etmiştir. Sinan 1588 yılında İstanbul'da ölmüş ve Kanuni Sultan Süleyman gibi Süleymaniye camiinin yanına gömülmüştür.

des Osmanischen Reiches gekommen. Nach seiner Erziehung in der Palastschule in Istanbul hatte er im Janitscharenheer gedient und sich dort beim Brückenbau und ähnlichen Arbeiten im militärischen Ingenieurwesen hervorgetan. 1539 bekam er den Titel Erster Baumeister. Zwischen Mekka und der Balkanhalbinsel hat Sinan an verschiedenen Orten des Osmanischen Reiches vierundachtzig größere und einundfünfzig kleinere Moscheen gebaut, siebenundfünfzig Medresen, sieben Lesesäle, zweiundzwanzig Mausoleen, siebzehn Armenküchen, fünf Aquädukte, acht Brücken, achtzehn Karawansereien, drei Krankenhäuser, fünfunddreißig Paläste, acht Lagerhallen und sechsundvierzig Hamams, insgesamt also dreihunderteinundsechzig Bauwerke. Er ist 1588 in Istanbul gestorben und wurde wie Sultan Süleyman neben der Süleymaniye-Moschee begraben.

Bir mektup

Sevgili arkadaşım,
mektubumdaki bazı kelimeleri sözlükte bulamadı-
ğını yazıyor ve nedenini soruyorsun. Bu karışık
ve uzun bir mesele. Fakat anlatmaya çalışa-
cağım.

Bildiğin gibi Birinci Dünya Savaşı'nın sonunda
Sevr Antlaşması ile Osmanlı İmparatorluğu feshe-
dildi. Ayrıca ülke İngilizler, Fransızlar, İtalyanlar
ve sonra da Yunanlılar tarafından işgal edildi.
Bunun üzerine Mustafa Kemal 1919'da Anadolu'-
da Kurtuluş Savaşı'nı başlattı. Bu savaş dört yıl
sürdü. 1923 yılında Türkiye Cumhuriyeti kurul-
du. Cumhuriyetle, onun ilk cumhurbaşkanı
Mustafa Kemal bir çok yenilikler ilan etti. Bu
yenilikler Türkiye'de « Atatürk devrimleri »
adıyla anılır. Bunlardan en önemlisi: Saltanat
ve hilafet kaldırıldı, din dünya işlerinden ayrıldı
(1928), İsviçre Medeni Kanunu kabul edildi
(1926), böylece çokeşlilik yerini tekeşliliğe
bıraktı. Uluslararası saat ve takvim benimsendi
(1926). Kadınlara seçme ve seçilme hakkı tanındı.
Dinsel giysiler ve çarşaf yasaklandı, fes yerine
şapka giyildi (1925). Tarikatlar yasaklandı, tekke
ve türbeler kapatıldı (1925). 1934 yılında So-
yadı Kanunu getirildi. Mustafa Kemal, Atatürk
soyadını aldı.

Bu çağdaşlaşma ve yenileşme sürecini tamam-
lamak için dil ve yazı da yenilendi. Türkler Müs-
lümanlığı kabul ettikten sonra Arap alfabesini
benimsemişlerdi. Ancak Arap alfabesi Türkçe'ye
uygun değildi; bir kelime farklı okunup farklı
yazılabiliyordu. 1928 yılında Arap alfabesi
kaldırıldı ve Latin harfleri benimsendi.

Ein Brief

Lieber Freund,
du schreibst, dass du einige Wörter in meinem Brief im
Wörterbuch nicht findest, und willst wissen, woran das
liegt. Das ist eine komplizierte und lange Geschichte. Aber
ich will sie dir gern erzählen.

Wie du weißt, wurde das Osmanische Reich am Ende
des Ersten Weltkriegs durch das Abkommen von Sèvres
aufgelöst. Die Türkei wurde von Engländern, Franzosen,
Italienern und später auch Griechen besetzt. Da begann
Mustafa Kemal 1919 in Anatolien den Befreiungskrieg.
Dieser Krieg dauerte vier Jahre. 1923 wurde die Türkische
Republik gegründet. Mustafa Kemal, ihr erster Präsident,
führte eine Reihe von Neuerungen durch. Diese nennt man
in der Türkei die « Atatürk-Reformen ». Die wichtigsten
sind: Das Sultanat und das Kalifat wurden abgeschafft; die
Religion wurde von den weltlichen Angelegenheiten ge-
trennt (1928); das bürgerliche Gesetzbuch der Schweiz wur-
de übernommen (1926), und damit löste die Monogamie
die Polygamie ab; den Frauen wurde das aktive und passive
Wahlrecht zuerkannt; die internationale Uhrzeit und Jah-
reszählung wurden eingeführt (1926); religiöse Kleidung
und Schleier wurden verboten: statt des Fes wurde der Hut
als Kopfbedeckung eingeführt (1925); die Derwischorden
wurden aufgelöst, Klöster und Mausoleen geschlossen
(1925). 1934 wurden Familiennamen eingeführt – Mustafa
Kemal erhielt den Namen Atatürk.

Zum Modernisierungs- und Erneuerungsprozess gehörte
auch die Reform der Sprache und der Schrift. Die Türken
hatten mit dem islamischen Glauben auch das arabische Al-
phabet übernommen, das jedoch für die türkische Sprache
nicht geeignet war; denn oft stimmten Schreibung und
Aussprache nicht überein. 1928 wurde die arabische Schrift
abgeschafft und die lateinischen Buchstaben eingeführt.

Osmanlı İmparatorluğu'nun 13. yüzyılda kuruluşundan 1928 yılına kadar, devletin resmi dili Osmanlıca idi. Osmanlıca, Türkçe, Arapça ve Farsça'nın karışımından oluşan yüksek bir edebiyat ve saray diliydi. Bizde bir deyim vardı: «Türk, ailesine Türkçe, Allahına Arapça, sevgilisine ise Farsça seslenir!»

Halk ama Türkçe konuşuyordu. İşte Atatürk bunu dayanak aldı. Yeni ulusal bilinci kendi dil kökeni üzerine kurdu. Böylece Türkçe yabancı kelimelerden arındırılmak istendi. Çünkü yabancı sözcüklerin yüzdesi, Türkçe sözcüklerden fazlaydı: Yüzde 43 Türkçe sözcüğe karşılık yüzde 57 yabancı sözcük vardı. Bugün ise kullanılan sözcüklerin ortalama yüzde 72'si Türkçedir. Arapça ve Farsça kelimelerin yerine Türkçe kökenli yeni kelimeler türetmek için 1932 yılında Türk Dil Kurumu kuruldu.

Zaten dilde sadeleşme ve Latin harflerinin alınması 19. yüzyıldan beri tartışma konusuydu. Bugün Türkiye'de aydınlar arasında dil kullanımında hala çok farklı görüşler var. Bir kısmı Atatürk'ün dil devrimine sadık kalıp «öz Türkçe» konuşmayı tercih ederken, bir kısmı Osmanlı kültür mirasını devam ettirmek için Osmanlıca kelime ve kavramlar kullanıyor.

Türk Dil Kurumu bir çok yeni kelimeler türetti. Bunların bir çoğu tuttu. Ama bu öz Türkçe kelimelerden bir çoğu sözlüklere girmedi. İşte sorun buradan kaynaklanıyor. Bulamadığın kelimeleri bana yazarsan, anlamlarını gelecek mektupta sana açıklarım.

Öperim.

Von der Gründung des Osmanischen Reichs im 13. Jahrhundert bis 1928 war die Amtssprache Osmanisch. Osmanisch war eine hochentwickelte Hof- und Literatursprache, aus türkischen, arabischen und persischen Elementen. Es gab eine Redensart: Der Türke spricht mit seiner Familie Türkisch, betet zu seinem Gott Arabisch und redet mit seiner Geliebten Persisch.

Das einfache Volk sprach jedoch Türkisch. Daran knüpfte Atatürk an. Das neue Nationalbewusstsein gründete er auf die sprachlichen Wurzeln des Türkischen. Er wollte die Sprache von fremden Elementen reinigen. Denn der prozentuale Anteil der Fremdwörter war höher als der Anteil der türkischen Wörter: Gegenüber 43 Prozent türkischen gab es 57 Prozent Fremdwörter. Heute hingegen sind immerhin 72 Prozent des Wortschatzes türkischen Ursprungs. Um die arabischen und persischen Wörter durch neue, türkischstämmige Wörter zu ersetzen, wurde 1932 das Türkische Sprachinstitut gegründet.

Schon seit dem 19. Jahrhundert war die Reinigung der Sprache und die Einführung der lateinischen Schrift diskutiert worden. Und noch heute gibt es unter den Intellektuellen unterschiedliche Auffassungen vom Sprachgebrauch. Die einen bekennen sich zur kemalistischen Reform und bevorzugen es, « rein Türkisch » zu sprechen. Die anderen wollen am kulturellen Erbe der Osmanen festhalten und verwenden auch osmanische Wörter und Begriffe.

Das Türkische Sprachinstitut hat zahlreiche neue Wörter gebildet. Viele sind lebendiger Bestandteil der Sprache geworden. Aber viele « rein türkische » Wörter haben in die Wörterbücher keinen Eingang gefunden. Da liegt das Problem. Wenn du mir die Wörter nennst, die du nicht findest, erkläre ich dir deren Bedeutung im nächsten Brief.

Ich küsse dich.

Bir yaşam hikayesi

1941'de Anadolu'nun küçük bir köyünde doğdum. Resmi doğum tarihim doğru değil. Annem kiraz ayında doğduğumu hatırlardı. Bu haziran da olabilir, temmuz da. Bizim oralarda doğum tarihinin bir anlamı yoktu eskiden. Tahmin edilirdi sadece. «Sen» derlerdi büyüklerimiz, «Erzincan depreminde doğdun», veya «Çanakkale Savaşı'nda». Olaysız yıllarda doğan çocukların ise hatırlanamazdı doğum tarihi.

Bizde isimlerin de bir anlamı vardır. Mesela çocuk istenmiyorsa artık, bu son olsun anlamında Yeter adı verilir. Benim adım ise Dursun. Yani annemin çocuğu durmazmış, doğan çocuk hep ölürmüş. İşte bu çocuk bari yaşasın anlamında Dursun adını vermiş bana. Allah da annemin arzusunu kırmayıp beni ona bağışlamış. Babam ben küçükken ölmüş.

Okul yoktu bizim köyde. Annem ise şehirde okula göndermek istemedi; «bu çocuk evimin orta direği» deyip reddetti. Fakat «kör, cahil kalmasın oğlum» diye köy hocasından ders aldırttı. İki sene eski Türkçe öğrendim, yanında yeni Türkçe'yi de gösterdi bana.

Büyüdüm, evlendim, asker oldum. Sonra bir toprak kayması oldu köyümüzde. Afetzedelere işçi olarak Avrupa'ya gitmek için öncelik imkanı tanınıyordu. Köyden bir grup genç arkadaşla Almanya'ya gitmek için baş vurduk. Çok sürmedi istek kağıtlarımız geldi. Ama tam bu sırada annem ağır hastalandı. «Sevgili oğlum» dedi, «bu senin kısmetin. Gitmezsen hakkımı helal etmem.» Elini öpüp

Ein Lebenslauf

Ich bin 1941 in einem kleinen Dorf in Anatolien geboren. Mein offizielles Geburtsdatum stimmt nicht. Meine Mutter weiß noch, dass ich im Kirschenmonat geboren wurde. Es kann Juni gewesen sein, auch Juli. Früher kannte man bei uns kein Geburtsdatum. Das Alter wurde bloß geschätzt. «Du», sagten die Erwachsenen, «bist geboren, als in Erzincan das Erdbeben war», oder: «im Çanakkale-Krieg.» Das Geburtsdatum von Kindern, die in einem ereignislosen Jahr geboren wurden, konnte man sich nicht merken.

Bei uns haben auch die Namen eine Bedeutung. Wenn man zum Beispiel keine Kinder mehr will, nennt man das zuletzt geborene Yeter [«es ist genug»]. Ich heiße Dursun [«er soll bleiben»]. Die Kinder, die meine Mutter geboren hatte, blieben nicht am Leben, sie starben gleich nach der Geburt. Um auszudrücken, dass wenigstens dieses Kind am Leben bleiben solle, gab man mir den Namen Dursun. Allah versagte meiner Mutter diesen Wunsch nicht und schenkte mich ihr. Mein Vater starb, als ich noch klein war.

Im Dorf gab es keine Schule. Meine Mutter wollte mich nicht in die Stadt zur Schule schicken; «dieses Kind ist zu Hause meine Stütze», sagte sie. Aber «damit mein Sohn nicht blind und dumm bleibt», ließ sie mich vom Dorfhodscha unterrichten. Zwei Jahre lernte ich Alttürkisch, daneben brachte der Hodscha mir auch Neutürkisch bei.

Ich wurde groß, heiratete, wurde Soldat. Da wurde unser Dorf bei einem Erdrutsch zerstört. Die Geschädigten durften vorrangig als Arbeiter nach Europa gehen. Zusammen mit einer Gruppe von anderen jungen Leuten aus unserem Dorf bewarb ich mich nach Deutschland. Schon bald erhielten wir das Anwerbeformular. Genau zu dieser Zeit wurde meine Mutter schwer krank. «Junge, es ist dein Schicksal», sagte sie. «Wenn du nicht gehst, werde ich es dir nie verzeihen». Ich küsste ihr die Hand und nahm Abschied, zum letzten

son kez vedalaştım. Hanım ve çocuklara da
en kısa zamanda yazacağıma söz verdim. Tüm
köylü: kadın, erkek, ihtiyar ve genç, çoluk
çocuk bizi yolcu etmek için toplanmıştı. Kimi
yolcuların boynuna sarılıp ağlıyor, kimi cebi-
mize para sokuyordu. Gurbet, ne olur, ne
olmaz! Hem gidip gelmemek, gelip gör-
memek de var. Arkamızdan sular serpildi. Su
gibi çabuk gidip gelsinler diye.

Önce okuma yazma sınavından geçtik, sonra
da İstanbul'daki Alman Konsolosluğu'nda Al-
man doktorlar heyetinin tepeden tırnağa sağlık
kontrolünden. Tansiyonu hafif yüksek olanlar
bile alınmıyordu. Bizim gruptan sadece bir
kişi gelemedi. Çünkü kaç çocuğun var soru-
suna «beş» deyince, «Sen gidemezsin» dedi-
ler. En fazla üç çocuk olması gerekiyormuş.

Almanya'ya gidenler için çok türküler yakıl-
mıştı: «Almanya acı vatan, adama hiç gülmü-
yor» diye. Ya giden bir daha dönmüyordu, ya
da ailesini unutup para göndermiyordu. Ama
ben bu türkülerin kahramanı olmayacaktım.
Bir kaç kuruş para biriktirdikten sonra yine kö-
yüme dönüp düğünlerde halay çekecek, at koş-
turacaktım. Yaz geceleri uçsuz bucaksız gökyü-
zünün altında, yıldızların ışıltısında, ağustos
böceklerinin saz eşliğinde tarlada uyuyacak ve
sabah gün ışır ışımaz çalışmaya başlayacaktım.

Almanya'da bir inşaat firması istek yapmıştı
beni. Orada başladım çalışmaya. Ne kadar zor
gelmişti! Hiç bir şey anlamıyordum. Usta çivi
getir diyordu, ben çekiçi götürüyordum. Ne
büyük bir cesaret, An
dişini anlamadığın, töresini tanımadığın bir
ele gelmek.

Mal. Meiner Frau und den Kindern versprach ich, bald zu schreiben. Das ganze Dorf, Frauen, Männer, Alte, Junge, Kind und Kegel, versammelten sich zum Abschied. Einige umarmten uns weinend, einige steckten uns etwas Geld zu. Die Fremde, was konnte da nicht alles passieren! Man konnte gehen und nicht wiederkommen, man konnte zurückkommen und die Menschen nicht mehr antreffen, die einem vertraut waren. Hinter uns wurde Wasser ausgegossen. So schnell wie das Wasser fließt, sollten wir zurückkehren.

Als erstes mussten wir eine Lese- und Schreibprüfung machen. Dann wurden wir im deutschen Konsulat in Istanbul von deutschen Ärzten von Kopf bis Fuß untersucht. Wer auch nur hohen Blutdruck hatte, wurde nicht genommen. Aus unserer Gruppe durfte nur einer nicht. Auf die Frage, wie viele Kinder er habe, hatte er geantwortet, fünf; daraufhin wurde ihm gesagt: «Du kannst nicht mitkommen.» Höchstens drei Kinder waren erlaubt.

Für die, die nach Deutschland gingen, wurden viele Lieder geschrieben: «Deutschland ist ein bitteres Land, es lacht keinem», hieß es zum Beispiel. Entweder kamen die, die dorthin gingen, nicht zurück, oder sie vergaßen ihre Familie und schickten kein Geld mehr. Ich wollte nicht so ein Kerl wie in den Liedern sein. Wenn ich etwas gespart hatte, wollte ich ins Dorf zurückkehren, bei Hochzeiten Halay tanzen, auf dem Pferd reiten. In den Sommernächten wollte ich unter freiem Himmel und glitzernden Sternen auf den Feldern schlafen, begleitet vom Zirpen der Zikaden, und sobald es hell wurde, mit der Feldarbeit beginnen.

In Deutschland hatte mich eine Baufirma angeworben. Dort fing ich an zu arbeiten. Wie schwer mir das fiel! Ich verstand kein Wort. Da hieß mich der Meister einen Nagel holen, ich aber brachte einen Hammer. Wie tollkühn war es doch gewesen, Anatolien zu verlassen und in ein fremdes Land zu gehen, dessen Sprache man nicht versteht und dessen Sitten und Gebräuche man nicht kennt.

Sonra bir cam fabrikasına girdim. Üç vardiyeli. Her hafta değişiyordu. Ve ben her hafta, her vardiye değişiminde, uykusuz çalar saati bekliyorum. Biz de ne hafta sonu vardır ne de bayram tatili. Çalışmayı sevmez değilim ama, para öyle kolay kazanılmıyor Almanya'da diye anlatıyorum bunları.

Dönüş tarihi uzadıkça uzuyordu. Eş ve çocuklar orada bense buradaydım. Dayanamayıp getirdim onları. Çocuklar burada okula gidip meslek öğrendiler. Böylece ben de onlarla birlikte bağlanıp kaldım Almanya'ya.

Zaman su gibi aktı, torunlarım doğdu, büyüdü okula başladı, şimdi kimi ortaokula gidiyor kimi liseye. Onlar evde Türkçe değil Almanca konuşuyorlar, doğum günü partilerinde Almanca şarkılar okuyorlar, Alman arkadaşları var. Bense emekli oldum. Biz birinci kuşak dil sorunu nedeniyle Alman toplumuyla tam kaynaşamadık, ama buraya da kök saldık ve artık buralı olduk. Misafir işçi kimliğimiz ise çoktan tarihe karıştı.

Später wurde ich in einer Glasfabrik eingestellt. In drei Schichten. Jede Woche im Wechsel. Und ich wartete bei jedem Schichtwechsel schlaflos auf das Klingeln des Weckers. Es gab weder Wochenenden noch Feiertage. Das soll nicht heißen, dass ich nicht arbeiten mag, ich erzähle es nur, um zu sagen, dass man in Deutschland sein Geld nicht so leicht verdient.

Der Zeitpunkt der Rückkehr zögerte sich immer weiter hinaus. Frau und Kinder waren dort, ich war hier. Ich ertrug es nicht mehr, und so holte ich sie nach. Meine Kinder sind hier zur Schule gegangen und haben einen Beruf erlernt. So bin ich zusammen mit ihnen hier in Deutschland geblieben.

Die Zeit verging wie im Flug, meine Enkelkinder wurden geboren und gehen inzwischen in die Schule; einige von ihnen besuchen die Realschule, einige das Gymnasium. Zu Hause sprechen sie nicht Türkisch, sondern Deutsch, bei ihrer Geburtstagsfeier singen sie deutsche Lieder, und sie haben deutsche Freunde. Ich bin inzwischen Rentner. Wir, die erste Generation, sind wegen sprachlicher Schwierigkeiten nicht so recht in die deutsche Gesellschaft hineingewachsen, aber auch wir haben hier Wurzeln geschlagen und fühlen uns hierher gehörig. Unsere Gastarbeiter-Identität ist längst Geschichte geworden.

Alaturka bir kahvaltı

İnce belli cam bardakta sarımtırak kıpkırmızı çay. Yanında simsiyah pırıl pırıl zeytinler. Fırından yeni çıkmış beyaz ekmek, itinayla dilinmiş kırmızı domates ve koyun sütünden yapılmış beyaz peynir. İşte benim için, kahvaltıların en hası, en lezizi. Elbette tanırım tereyağlı, ballı, börekli, çörekli kahvaltıların da tadını. Ama doyum olmaz buram buram tüten çayın, tuzlu iri zeytinin, yağlı beyaz peynirin, sıcak, çıtır çıtır ekmeğin tadına. Önce bir yudum çay ... «Oh be! Dünya varmış». Sonra güzel kızarmış beyaz ekmeğin arasına yumuşak beyaz peynir, arkasından zeytin ve yine çay. Çayın buharı pencereye çöker. Kokusu güne siner, şavkı odaya vurur. Çok gerilerde kalmıştır, başlayacak işin zahmeti. Ne taze sıkılmış portakal suyu isterim ne bal ne tereyağı ne de sahanda yumurta. Sıcak tavşankanı çay, etli acı zeytinler, sarımtırak beyaz peynir, tatlı bahçe domatesi ve gevrek ekmek. İşte kahvaltı diye buna derim.

Ein Frühstück alla turca

Im bauchig geschwungenen Glas rotgoldener Tee. Dazu
pechschwarze glänzende Oliven. Weißbrot, frisch aus
dem Ofen, sorgfältig geschnittene rote Tomaten und Käse
aus Schafsmilch. Das ist das beste, das köstlichste Früh-
stück, das ich mir denken kann. Natürlich kenne ich auch
den Geschmack des Frühstücks mit Butter und Honig,
Blätterteigpasteten und anderem Gebäck. Aber von
dem dampfenden Tee, den dicken salzigen Oliven, dem
sahnigen Schafskäse und dem warmen, knusprigen Brot
kann man nie genug kriegen. Zuerst ein Schluck Tee . . .
« Ah, wunderbar ! » Dann rösches Weißbrot mit weichem
Schafskäse, danach Oliven und dann wieder Tee. Der
Dampf des Tees beschlägt die Fensterscheiben. Sein Duft
durchdringt den Tag, seine leuchtende Farbe durchstrahlt
das Zimmer. Die Mühsal des bevorstehenden Arbeits-
tages ist noch weit im Hintergrund. Weder frisch ge-
pressten Orangensaft noch Honig und Butter brauche
ich, auch keine Eier in der Pfanne. Heißen, rötlich
schimmernden Tee, saftige bittere Oliven, frischen gelben
Schafskäse, süße Landtomaten und knuspriges Brot, das
nenne ich Frühstück.

Celal Özcan, geboren 1954 und aufgewachsen in der Türkei, hat in Deutschland Zeitungswissenschaft und Politologie studiert. Er lebt als Journalist in München.

Rita Seuß, geboren 1956, hat in Würzburg, Padua und München Germanistik, Italienische Philologie und Buchwissenschaft studiert. Sie lebt als freie Redakteurin und Übersetzerin in München.

Ihrer Zusammenarbeit sind zwei weitere türkisch-deutsche Bücher der Reihe dtv zweisprachig zu verdanken: Türk Atasözleri – Türkische Sprichwörter. Mit Illustrationen von Ina Seeberg. <u>dtv</u> 9354, und Nasreddin Hoca'dan En İyi Fikralar – Die besten Geschichten von Nasreddin Hodscha. Mit Illustrationen von Ina Seeberg. <u>dtv</u> 9512

Gern schicken wir Ihnen ein Verzeichnis aller Bände der Reihe dtv zweisprachig zu.
<u>dtv</u>, Tumblingerstraße 21, 80337 München
www.dtv.de   zweisprachig@dtv.de